英语教学理论与方法研究

陈爱红 朱 莹 严 婧 ◎ 著

吉林出版集团股份有限公司

版权所有　侵权必究

图书在版编目（CIP）数据

英语教学理论与方法研究 / 陈爱红，朱莹，严婧著. — 长春：吉林出版集团股份有限公司，2023.10
ISBN 978-7-5731-4380-8

Ⅰ．①英… Ⅱ．①陈… ②朱… ③严… Ⅲ．①英语—教学研究 Ⅳ．①H319.3

中国国家版本馆 CIP 数据核字（2023）第 191673 号

英语教学理论与方法研究

YINGYU JIAOXUE LILUN YU FANGFA YANJIU

著　　者	陈爱红　朱莹　严婧
出版策划	崔文辉
责任编辑	刘　洋
助理编辑	邓晓溪
封面设计	文　一
出　　版	吉林出版集团股份有限公司
	（长春市福祉大路5788号，邮政编码：130118）
发　　行	吉林出版集团译文图书经营有限公司
	(http://shop34896900.taobao.com)
电　　话	总编办：0431-81629909　营销部：0431-81629880/81629900
印　　刷	廊坊市广阳区九洲印刷厂
开　　本	787mm×1092mm　1/16
字　　数	235 千字
印　　张	13.5
版　　次	2023 年 10 月第 1 版
印　　次	2024 年 1 月第 1 次印刷
书　　号	ISBN 978-7-5731-4380-8
定　　价	78.00 元

如发现印装质量问题，影响阅读，请与印刷厂联系调换。电话 0316-2803040

前　言

英语教育必须借助于现代教育理论的正确指导，在实践经验的基础上进行方法论探究，从而建立科学的理论体系，找到行之有效的教学方法。近年来，我国外语教育教学研究呈现出新的发展趋势，对专业建设、课程设置、教学改革和现代化教学手段的研究日益增多，"以学习者为中心"的教学模式研究越来越受到重视，研究重点由语言知识的习得转向如何将语言知识转化为语言能力。同时，教师专业发展研究也取得了长足的发展。作为占据高等教育领域半壁江山的高等职业教育，近年来逐渐受到社会各界的密切关注。大学外语教育教学的新特点要求我们不断研究和探索，以适应大学教育蓬勃发展的新形势。

大学英语教学是高等教育培养国际化高素质人才的重要组成部分，大学英语教学改革实施以来，取得了显著的成果。但是随着国家需求、社会需求和学生需求的变化，大学英语教学需要进一步的创新和突破，因此对大学英语教学发展的研究就显得尤为重要。

教育活动是基于实际需求而开展的，因此教育工作者需要对教育现状进行分析后做出策略与手段的调整，以便不断优化教学理念、教学内容与教学方法。本书以慕课为背景对大学英语教学改革展开研究，有助于探索新的教育模式应用于英语教学当中，促进英语教学发展。

本书在撰写过程中，参阅了大量相关资料和文献，同时为了保证论述的全面性与合理性，引用了许多专家、学者的观点，在此表示最诚挚的谢意。由于笔者写作水平有限，书中不免存在遗漏之处，恳请广大读者不吝指正。

目 录

第一章　大学英语教育概述 ·· 1
  第一节　大学英语专业教育现状分析 ···························· 1
  第二节　大学英语专业教学模式分析 ···························· 9
  第三节　大学英语教育的实用性分析 ···························· 11
  第四节　大学英语教学改革的理念与方向 ························ 14

第二章　高校英语学科教学模式 ···································· 21
  第一节　高校英语教学模式概述 ································ 21
  第二节　结构和认知取向的英语教学模式 ························ 27
  第三节　功能取向的英语教学模式 ······························ 32
  第四节　任务取向的英语教学模式 ······························ 36
  第五节　社会文化互动取向的英语教学模式 ······················ 42
  第六节　全语教学模式 ·· 47

第三章　大学英语教学改革的方向与趋势 ···························· 49
  第一节　大学英语教学核心要素的特征及教学模式的转变 ·········· 49
  第二节　大学英语教学改革存在的问题及其对策 ·················· 56
  第三节　大学英语教学改革的方向 ······························ 62
  第四节　大学英语教学改革的趋势 ······························ 71

第四章　大学英语教学模式改革的策略 ······························ 89
  第一节　教学模式及其演变 ···································· 89

第二节　高校英语教学模式的改革策略 …………………………… 97
　　第三节　高校英语"分级制"教学模式现状及优化策略 …………… 101

第五章　大数据时代高校英语教学 …………………………………… 108
　　第一节　大数据时代下高校英语教学改革 ………………………… 108
　　第二节　大数据时代下高校英语翻转课堂教学模式 ……………… 112
　　第三节　大数据时代下高校英语空间教学行为优化 ……………… 118
　　第四节　大数据对高校英语教育教学的影响 ……………………… 129
　　第五节　大数据时代下高校英语数字化教学的转型 ……………… 133
　　第六节　大数据背景下英语教学的微传播 ………………………… 138

第六章　慕课背景下大学英语翻转课堂师生交互研究 ……………… 143
　　第一节　翻转课堂的相关概念 ……………………………………… 143
　　第二节　翻转课堂师生交互现状分析 ……………………………… 151
　　第三节　翻转课堂师生交互模型研究 ……………………………… 165

第七章　高校英语教学方法的实践应用研究 ………………………… 179
　　第一节　多模态的协同及其在高校英语教学中的应用 …………… 179
　　第二节　激励教学法在高校英语教学中的应用 …………………… 183
　　第三节　大学英语多元互动教学模式的应用 ……………………… 188
　　第四节　大学公共英语教学中英语应用能力的培养 ……………… 193
　　第五节　英语新闻输入在高校英语教学中的应用 ………………… 198
　　第六节　启发式教学在高校英语教学中的应用 …………………… 202

参考文献 …………………………………………………………………… 207

第一章 大学英语教育概述

第一节 大学英语专业教育现状分析

一、大学英语专业基础教育现状

（一）大学英语专业设置

大学教育的目的是培养具有必要的理论知识和较强的实践能力，在生产、服务和管理第一线从事实际工作的高级技术型人才。这类人才应具备较强的社会适应能力、宽广的知识面、全面的职业技能、一定的创造性实施任务的工作能力、较强的应用和发展能力、积极的职业态度等素质特点。正确的专业设置是保证良好素质实现的前提。

总体来看，我国高等教育的专业是按学科分类和职业岗位（群）来设置的，它反映出社会、经济和科技对人才的需要。专业设置主要遵循以下几个基本原则：一是适应社会主义现代化建设的人才需要，二是适应科学技术发展的趋势，三是符合人才培养的规律。

作为高等教育组成部分的大学教育，无疑也应该遵循这些基本原则。但是，大学教育是高等教育中独具特色的组成部分，在专业设置方面，它应该有自己的特点，必须根据自身特点去探索新的途径。以往普通高等院校主要依据学科体系来设置专业，这与它们培养理论型、研究型人才的教学目标是相契合的。也就是说，它们都根据"学科理论知识体系"坐标轴（部分加上"职业分工"

坐标轴）来设定专业，基本呈现"线性设计"或"平面设计"的态势。而大学教育主要面向生产、服务和管理第一线，培养应用型、复合型技术人才和管理人才。这类人才与理论型、研究型人才相比，与特定地区的市场、职业、技术等方面有更直接、紧密的联系。因此，高等职业教育的专业应从市场、职业、技术三个坐标来考虑设置，即用一种立体交叉的思维或视角来研究大学专业的设置。

从众多大学院校近年来的专业设置来看，它们的基本思路可概括为：以市场需求为导向、以职业岗位（群）为依据、以技术含量为参数来综合研究专业设置。以市场需求为导向，就是说市场需要什么样的职业技术人才，就要想方设法去开设相应的专业。这就是所谓"以销定产"原则，以市场需求为导向，科学设置专业与确定课程内容。以职业岗位（群）为依据，即所谓"行业定位"原则，就是说以行业定位为主导，针对一个行业岗位、社会公有岗位，或相关的岗位等情况来设置专业。以技术含量为参数有两层意思：第一，大学教育设置的专业不完全是针对某个特定的职业岗位或岗位群的，其中有部分专业是按应用技术领域（包括管理技术）的需要而设置的。第二，针对职业岗位（群）而设置的专业，其技术含量也是较多、较高的。"市场、职业、技术"三者的比例可大可小，视不同时期、不同地区、不同院校和不同专业的具体情况而定。每设置一个专业都要对人才市场的需求情况做大量深入的调查，组织校内外专家和学者对调研材料进行论证分析，并聘请本地区各行业的顶尖管理和技术专家为"专业管理委员会"委员，每年对已有专业进行评估，对不适应的进行调整，对空缺的及时补充，保证大学教育与人才需求的高度吻合。以岗位、岗位群或职业所需要的能力为出发点来设计教学内容和课程体系，其重点是培养学生的动手实践能力和职业技能，大大缩短学生的就业适应期，使学生可以直接顶岗，从而增强大学毕业生的就业竞争力，让他们在人才市场上牢牢地占据一席之地。

大学专业设置应具备三个特点。一是主动适应，灵活多样。大学教育应该面向市场，按照职业岗位（群）或技术领域的需要来设置专业，以体现它的针对性和适应性。随着社会的发展和科技的进步，社会职业和职业岗位都处于不断变动中。面对这样一个庞大的动态系统，大学院校既不可能为每一种职业岗位或每一种技术分别设置相应的专业，也不可能照搬普通高校的专业目录。因此，大学院校应经常对人才市场的需求状况做大量深入的调查，调查的内容包括与各专业相关的行业规模、发展趋势、技术状况、岗位设置和人才需求，详细了解生产单位对生产、管理第一线骨干人才的素质要求等；然后，遵循择优性、可行性和效益性等原则，按轻重缓急，分期分批地设置专业。二是宽窄并举，可宽可窄。大学专业设置的宽窄并举是一种规律性现象。当前，由于科学技术的迅猛发展，出现了职业技术教育拓展专业宽度的趋势。一般来说，专业应该"宽""窄"并存。按照职业岗位（群）需要开设的专业，专业口径应相对窄一些。而按技术领域设置的专业，专业口径相对较宽，侧重强调它的适应性。另外，可采用"宽口径、多方向"，在一个专业下设置多个专业方向，使毕业生适应更多的职业岗位，同时又具有自己的特色和特长。三是交叉复合，分合有序。目前我国许多行业的生产、管理第一线急需的是大批既懂理论又懂技术、既懂操作又会经营的复合型、智能型人才。可以将不同的专业复合起来，比如说，商务加英语、旅游加英语等；也可将专业知识和专业技能复合起来，如商务知识和单证制作、商务文秘和办公自动化等。

在教育规模快速发展的同时，高等职业教育也暴露出一些深层次的问题和矛盾。部分大学院校在专业设置、专业调整等工作中出现了一些新的情况和问题，突出表现在专业设置的随意性较强。许多大学院校在设置专业时，缺乏科学有效的专业论证和预测机制，没有形成与地方经济的主导产业发展趋势相适应又立足于自身办学条件和办学特色的切实可行的专业发展规划。还有的大学院校的专业设置简单地套用本科甚至研究生学科（专业）目录，有的则沿用中等职业教育的专业名称，不仅学科专业名称差异较大，而且学科专业代码大多数不一致，造成了专业设置的混乱，在很大程度上影响了学校的人才定位、教学管理、招生以及就业等工作的科学性与规范性。不同类型学校相近的大学教育专业名称有明显的不同。根据招生部门的初步统计，全国至少有1500多个大学教育专业名称。专业名称不规范，在一定程度上影响了大学教育专业结构的调整和培养人才类别的划分、统计和宏观调控，以及社会对人才能力结构的了解和毕业生的就业。专业设置混乱、随意性强、名称不规范的情况非常普遍，如有些院校设立商务英语专业，而另一些院校称其为商贸英语专业；旅游英语专业在不同的院校被称作涉外旅游、旅游管理、旅游英语等不同的名称；还有一些院校在应用英语专业中下设商务英语方向，而有些院校中商务英语专业下设应用英语方向等，此类例子不胜枚举。

（二）大学英语专业的培养目标和社会意义

高等职业技术教育作为我国高等教育的重要组成部分，与普通高等教育构成我国高等教育的两支大军。它们具有很多的相同点，如教育层次基本相同，教育的政治取向一致，教育教学的基本原则相同，教师的基本要求相同，学校管理原则基本相同等。但是，大学教育与普通高等教育在培养目标、培养特征、专业设置、课程开发、授课方法、教学条件、师资队伍、招生制度、教育形式、管理架构等方面也存在很大的差异。其中最突出的就是它们的培养目标不同。普通高等教育培养的是学术型、理论型、工程设计型等学科专业人才，而大学教育培养的是技术型、智能型、复合型等实用人才。

大学英语专业是培养具有良好的综合素质和英语听、说、读、写、译的能力，具备较丰富的英美文化知识，熟悉和掌握一定的专业基本理论和方法，适应涉外工作第一线需要的高等应用型专业人才的学科。也就是说，要培养具有良好的英语应用能力和英美文化知识，又具有专业知识的技术型或应用型人才，这与本科培养的学术型和工程型人才有所不同。大学英语专业学生除了具有良好的思想道德素质和身心素质，他们的文化素质是以英语知识为基础的，虽不要求学生像学术型人才那样掌握高深的理论知识，但要求达到大学专科层次必须具备的理论知识和"基础学历"，同时具有相应的其他专业知识，以便与一个高级的应用型、技能型人才的知识储备和国民素质相适应。

虽然学术型、工程型和技术型或应用型人才都处于高等教育的文化背景和素质平台之上，同属于高层次的人才，且都在自己的专业领域具有较强的创新能力，但高职英语专业培养的技术型或应用型人才，相对普通高校英语专业培养的学术型人才而言，他们的程序性知识娴熟，操作性技能高超；他们擅长实际应用，动手能力强；他们能把课程中学到的理论知识应用到工作实践中。而且，高职英语专业培养的应用型人才在听、说方面的能力尤为突出，同时他们还具有一定的其他专业知识，如商务、旅游、交际、外贸、文秘等，能更快地适应工作岗位的需求。由此不难看出，高职英语专业作为普通高校英语教育外延的拓展，是一个新兴的重要类别，它与普通高校英语教育互补共存、不可或缺，其培养的应用型人才特色鲜明，与普通高校英语专业培养的学术型人才各有所长，都为社会所需要。同时，高职英语教育直接和生产、管理第一线相联系，为社会发展服务，为经济发展服务，为中华民族在新时代的腾飞造就大批技术素质优秀的外语人才。

（三）高职英语专业与普通英语专业的区别

几乎所有的普通高等院校和高等职业技术院校都开设有英语专业。高职英语专业与普通高校英语专业有着密切的关联，但是它们又各具特色，不尽相同。高职英语专业与普通高校英语专业在教学层次上存在显著差异。高职英语专业学生在入学时，认知英语单词与大学非英语专业学生基本相同，为 1000~1600 个；而普通高校英语专业的学生入学时，已掌握了不少于 2000 个单词。学习者起点不同，教学要求也不同。在教学任务完成时，学生在听、说、读、写、译各方面所达到的程度也大不相同。大部分普通高校英语专业要求学生通过全国英语专业四级和八级统一考试，而对高职英语专业学生没有做统一要求。不同的大学院校对英语专业学生有不同要求，有的要求通过全国统一的非英语专业四级或六级考试；有的学校要求通过全国英语能力 A 级考试；也有学校鼓励学生参加国际语言考试，如托福、雅思等，并设定一定的分数线以获取毕业资格。

除了教学要求不同外，高职英语专业与普通高校英语专业在教学目的上也大不相同。对国内 10 余所高校开设的"英语专业"进行调研发现，它们的专业培养目标大同小异，基本上都是"培养通晓英语语言及英美国家文学、社会、历史，能在外事、文化、新闻出版、教育、科研、经贸、旅游等部门从事翻译、研究、教学、管理工作的英语高级专门人才"。由以上目标不难看出，常规的本科英语专业培养的是通用型外语人才，没有针对社会某些相对固定的岗位（群）需要而设定人才的规格，英语对毕业生将来从事的工作岗位来说仍然只是一门工具。在课程设置上，以学科的理论体系为框架设置课程，组织教学，强调知识的系统性、完整性。普通本科院校的英语专业沿袭着传统"公共基础课英语语言课"套路，语言类课程主要有：英语精读、口语、英语语法、英语写作、笔译、口译、跨文化交际、英语语言学、英语词汇学、英语修辞学等。在课堂教学中，教师仍然是"主角"，学生只是匆匆记录，课堂"秩序"良好，整个教学过程"鸦雀无声"，学生学到的是大量的"知识"，学生所做的也只是记录和记忆。高职英语专业中设立的"应用英语""商务英语""旅游英语"和"英语教育"四个英语专业与普通本科院校的"英语专业"在培养目标、人才培养模式、社会就业等方面有很大的差别。高职英语专业培养的人才已经将商务、外事（应用）、旅游、教育等专业与英语有机结合，其培养的人才具有较强的岗位针对性。高职英语人才由原来的"通用型"人才，变成了目前的"应用型"人才。在课程设置上，以职业综合能力为中心，以岗位（群）所必备的知识、能力和品格为依据开发课程，课程内容突出适合性和针对性。英语基础课以"必需、够用"为度，强调教学以技能实践和实用训练为主。大部分英语专业课程都是采用综合的形式，课程主要由英语、专业和综合实训三部分构成。而且为了突出专业和英语两个强项，在课程构成上英语课程和专业课程都占了相当的比例，学生在这两方面达到"了解总体、掌握基本、简单操作"的水平。大学英语专业学生对于所学知识的要求是"实用为主、够用为度"；所开设的主要课程除了综合英语、英语听说、口语、听力等英语课程外，还开设了大量的专业课程和综合实训课程，如商务英语专业开设了商务英语、国际贸易实务、国际金融、商务模拟、商务文秘等专业和实训课程。

在教学方法上，大部分大学院校的英语专业都注重学生英语交际技能、专业应用和业务能力的培养。课堂上除了传授知识外，还加强了课堂的互动。课堂教学的主体由原来的教师变成了现在的学生，教、学、做合一，手、脑、机并用。同时，学生的教学实践得到了加强，无论在课堂教学中还是在实训中，学生都有大量的机会开展操练。除此之外,大部分院校还安排学生定期到企业实习、到交易会等场所实习,以加强学生的动口、动手能力。从目前就业状况看,高职英语专业培养定位主要是:涉外型或外资型公司的文员、秘书、外贸业务人员等。同时,高职英语专业学生除了毕业证(学历证)以外,还持有各类职业资格证书,资格证书和学历文凭并重。学生就业心态较好,社会需求旺盛,因此,高职英语专业的毕业生供不应求。

从以上的分析中可以看出,高职英语专业和普通高校英语专业在某些方面有共同之处,如开设的某些课程,但是从培养目标、课程设置、教学方法和教学安排等多个方面,大学英语专业突破了传统本科英语专业课程单一的不足,为学生拓宽了知识领域和发展空间,同时针对学生的技能培养增加了大量的实训,有利于学生所学知识的融会贯通,有利于学生应用能力、实用能力的培养与提高,有利于培养基础扎实、机智灵活、求实创新的复合型、应用型人才。

二、大学英语专业的社会需求

普通高校专业建设的一般指导思想是"以学科建设为基础、以基础学科专业为依托、以社会需求为导向、以课程建设为核心",专业建设中尤为注重学科的建设和发展,这与它主要培养理论型、研究型人才的培养目标是相契合的。相对而言,高职英语专业具有更大的可变性和开放性,更容易受到市场变化的影响,这主要是由于其培养的是高等应用型技术人才和管理人才。较之理论型、研究型人才,这类人才与一定区域的市场、职业、行业、产业、技术等有着更直接、更紧密的关联,其专业具有较强的职业定向性和针对性,其专业设置是以市场需求为导向。所谓以市场需求为导向,就是面向区域和地方经济发展,面向生产、服务与管理第一线设置专业,将当地产业结构和社会人才需求的变化趋势作为确定专业体系主体框架的依据。高职院校的专业设置与专业结构,虽然不能完全准确地反映社会职业需求,但其专业类别与设置越来越贴近经济社会的需求,大体上折射出了产业结构调整和社会职业需求的变化趋势。此外,社会人才需求决定了大学各类专业的生存和发展，大学英语专业也不例外。

国际电话中的交谈，有 85% 是用英语进行的；全球 3/4 的邮件、传真用的也是英语。英语更是国际商务活动中使用的通用语言。外企大量涌进中国市场，同样中国企业也将走向世界。本来就很走俏的英语专业人才，必然备受青睐。因此，国际贸易、外语类专业需求趋热，增幅较大。经济活动的频繁，很多企业急需大批精通外语、贸易、法律的复合型谈判人才，这也是外语专业毕业生普遍看好的发展方向。从社会需求上看，许多政府部门、国际组织、外企和跨国公司以及大型国有企业与高科技公司对复合型英语人才的需求量非常大。中国加入 WTO 之后对外语人才的需求在数量、质量、种类及层次等方面均提出了更高、更多的要求，尤其是具有深厚的语言文化基础、纯正的英语语音语调、系统的相关专业知识，具有用英语流利地进行国际交流和在对外贸易活动中的笔译能力，并能独立从事对外贸易、外事、交际、旅游等业务工作的人才；单一的阅读型和语言技能型人才，已远远不能满足社会的需求。

三、大学英语教师现状分析

（一）教师毕业院校和入教职前的工作经验

1. 教师最后毕业院校：师范类和非师范类

教师的最后毕业院校是否是师范院校反映在师资队伍建设中一个突出的问题是：多数非师范类院校本科生或者研究生，在学校读书期间没有接受较为系统的教学方法培训，没有进行系统的教育心理学课程和教育理论的学习，也可能没有教育实习经验，毕业后就到职业技术院校任教。因此，职业技术院校在师资队伍建设中面临着一个重要的任务，就是建立针对年轻教师的"传、帮、带"机制，帮助年轻教师熟悉并掌握英语教学规律和特点。

2. 入职前工作经验：理论较为丰富，实践经验较欠缺

从企事业单位引进有实践经验的英语人才，是职业技术院校英语专业建设"双师型"英语教师队伍的有效措施。随着教师职业准入制度的进一步完善和

深化，这部分教师的数量必将越来越多。

高等教育大众化和社会对应用型复合人才的需求必然导致我国高等职业技术教育的快速发展，职业技术学院英语教育也将会高速发展。随着英语教育规模的进一步扩大，师资队伍建设问题也日益突出。从目前职业技术院校英语教师的来源上看，主要是招聘普通高等院校毕业的本科生、研究生和企业、事业单位具有实际工作经验的英语专业人员，有一些经济实力比较强的院校通过特殊政策吸引博士研究生，还有就是聘请兼职教师。加强英语师资队伍建设，尽快提高他们的职称、学历、教学水平和科研水平以及实践能力，使他们快速适应职业技术英语教育需要和教学要求，是当务之急。

第二节　大学英语专业教学模式分析

一、教学模式的定义

在教育学理论体系中，教学模式也许是最有歧义的术语之一。人们但凡论及教育教学，教学模式一词都不免登场亮相。尽管该词在各种期刊和专著中具有很高的出现频率，但学术界至今也未能对其做出一个占主导地位的定义，更多的只是各家各派的理解和诠释。

研究教学模式，有必要先对"模式"做一番语义分析。基于各大权威辞书的考证，"模式"一词源于"模型"，最初指实物模型，后发展为指非实物模型。非实物模型的最初应用是在数学领域，即数学模型，指用数学符号抽象地表达实际问题，"数学建模"如今已经发展成为一种专门学科。非实物模型拓展应用于人文社科领域后，即成为人们常说的各种"模式"，如"文化模式""教育模式""经济模式"等，指用文字或图解对非实物现象进行一种抽象的说明或描述。模式与理论联系密切，可从理论中来，也可发展为理论。从中文语义上看，"模式"广于"模型"，而其对应的英文则一般用"model"，而非"pattern"。

在教育领域，一般公认美国哥伦比亚大学乔伊斯和威尔等是最早从事教学模式研究的学者。他们在《教学模式》中引用杜威对教学的定义——"教学是环境的设计"，认为教学模式是"对学习环境（包括模式使用时教师行为）的描述，可用于设计课程、教案、教材（包括多媒体材料）等诸多方面"。在此基础上，他们提出信息加工型、社会型、个人型和行为系统型等四大类别以及10多种教学模式。

二、大学英语专业教学模式的定位

探究我国大学英语专业教学模式必须首先辨析几个概念，或者说理顺几组关系，即普通高校本科英语专业与高职英语专业的关系、通用英语与专门用途英语的关系、教学方法与教学模式的关系等。

（一）普通高校本科英语专业——高职英语专业

相对于本科英语专业的成熟经验，我国高职院校英语专业整体起步太晚，目前仍处于摸索阶段。随着经济全球化的发展，我国加大了培养针对一线岗位的实用型高等人才的力度，高职院校获得了前所未有的发展。然而，从总体上看，除了主要面向非英语专业的《大学英语课程教学基本要求》（以下简称《基本要求》）之外，我国还没有颁布专门针对高职英语专业的指导性大纲，而我国本科英语专业已经在长期发展的成熟经验基础上，开始按照"英语+专业知识""英语+专业方向"等模式进行改革，以适应当下对复合型人才的需求。

（二）通用英语——专门用途英语

我国高等职业教育目前仍处于探索期，关于大学英语教育的国家指导性文件只有教育部高教司颁布的《基本要求》。由于高职院校培养的是技术、生产、管理、服务等领域的高等应用型人才，高职英语课程教学目的被确定为"使学生掌握一定的英语基础知识和技能，具有一定的听、说、读、写、译的能力，从而能借助词典阅读和翻译有关英语业务资料，在涉外交际的日常活动和业务活动中进行简单的口头和书面交流，并为今后进一步提高英语的交际能力打下基础"。尽管这一界定仍未明确说明对高职英语专业的具体要求,但作为大学教育的重要组成部分,高职英语专业不可避免地同样带有大学教育的普遍特性,即与职业岗位群的紧密联系,而这恰好与 ESP(专门用途英语)所涵盖的范围不谋而合。

(三)教学方法——教学模式

结合大学英语教育的实际情况,笔者将大学英语专业教学模式界定为由一定数量的子模式群体,分层次构建的一个开放式、发展性的体系。它以一种简化的方式反映大学英语专业建设的方方面面,其中既包含教学各要素及其关系,又体现教学各阶段、各过程的特点。它是大学英语专业人才培养的一种综合模式,又可具体分为宏观的能力结构子模式群、中观的教学过程子模式群和微观的课堂教学子模式群(课堂教学方法)。

第三节 大学英语教育的实用性分析

如果说应用性主要讨论大学英语教育的教学目标,实践性的焦点在于大学英语教育的教学过程和方法,实用性主要涉及的就是大学英语教育的教学内容以及与特定的教学内容相关的一些教学特征。这样,大学英语教育的整体特征便呈现出来。

大学英语的实用性体现在英语教学内容与学习者所学专业的密切相关性以及与学习者将来职业环境下英语交际的明确针对性上,表现在以培养学习者学以致用的英语交际能力的终极目标上。所以,在很大程度上,大学英语教学都带有浓重的专门用途英语教学、专业教学法以及任务教学法的色彩。这也构成了大学英语教学与普通英语教学的显著差异。

一、大学英语的两个转变

威多森指出,教学法的力量在于语言学习与专业学习方法的结合。因为它不但给以语言学习为驱动的课程设置和零乱无章、由下而上的教学方法带来了变化，还完成了两个重要转变：（1）教学重点从文本作为语言目标向文本作为信息载体的转移。（2）注重过程和实际结果，由语法功能意念法到任务法。

二、大学英语教育的四大焦点

大学英语教育在教学理念、教学模式等方面都有所创新，它目前关注的四大焦点问题是：以话题为中心，使用原版语言，满足学习需求，培养学生的交际能力。

（一）以话题为中心

大学英语教育主张以话题，而非语法项为基准选用教学材料，使学习者更易学习，从而激发其兴趣，使学习者具有使用新的语言去成功做事的自信心和惊喜感。课堂实践是一种打破语法系统、以话题为中心的阅读和实践活动，话题内容不再是对基于语法内容的课程的点缀和补充，而且语法学习须与话题相关联，由话题决定。

布林顿、斯诺、韦舍建议，语言教育的目标就是为了避免人为地将专业与语言割裂的倾向。不幸的是，这种割裂存在于许多教学环境中，因为人们错误地认为，学语言等于学语法，意义只能通过翻译传达，学生必须在学习真正的专业之前流利地使用语言。许多人担心，以专业知识为重点教学会牺牲语言技能的培养。实践证明，语言学习没有被忽视。在大学英语教育中，语言与专业是相互作用的。

（二）使用原版语言

慎重、有效地将原版材料引入课堂，这是大学英语近年来的发展趋势之一。有人担心使用原版语言会给学生增加学习难度，平添畏难情绪；也有人相信，有些词汇和语法项本来就难学，所以应先学。实际上，分级课文比原版课文给学生带来更多的麻烦，而且分级课文并不能给学生提供真实的英语交际模式，它缺乏自然的语言积累，剥夺了学生理解的多重暗示。

如果材料是精心挑选的，学生又有背景知识作为铺垫（相关的语言、专业、文化背景知识），如此，利用专业与上下文相结合的办法去理解信息，学生便会开发其他语境中未知词汇的语言处理机制，最终提高英语水平。

大学英语教育的重要部分是如何对课堂活动进行分级，并运用多种教学策略，如有效利用上下文，循环或螺旋式使用已有信息，利用学生的背景知识，使用协作方式等。

（三）满足学习需求

大学英语教育考虑到了学习者的语言、认知和情感差异，帮助他们做出相应调整。同时，也满足了其职业和个人兴趣要求。

1. 语言差异

由于学生个体知识的差异，不同学生在语言特征、词汇、语法学习方面存在学习顺序以及内容取舍等方面存在差异。

2. 认知差异

在认知层面上，学生有不同的学习风格，如有些视觉信息接受能力强，有些听觉学习效果好；有些善于演绎，有些长于归纳；有些注重整体，有些偏好局部；有些善于发现共通点，有些善于比较不同点；有些按顺序处理信息，有些平行处理信息等。每一种学习风格都和学习策略有关，每个学生对任何一种教学策略的反应都是不同的。熟悉教学策略，又了解学习风格的教师有得天独厚的优势去帮助学生更好地学习原版专业材料。

3. 情感差异

大多数学生在学习原版材料和真实案例取得成功时都会激发出极大热情。有些学生习惯于独自学习，有些学生付出努力就希望被表扬；有些不喜欢教师的明显纠正，有些得不到纠正则不悦；等等。优秀的教师应随时观察和分析学生的情感需求，使教师成为"学生学习的管理者"。

（四）培养学生的英语交际能力

就广义而言，大学英语教育是语言教育的新坐标，这个新坐标的中心是培养学生英语交际能力，即在真实条件下与操母语者交际的能力。

为了使大学生在不同的文化背景下生活和工作，教师必须创造与所学目的语文化的直接联系，显然基于语法能力的教学是无法胜任这一任务的。

语言教育家克拉申指出，外语学习早已超出了纯语言的范畴，它同时也是一项社会的、文化的、历史的综合探究活动。因为它是研究作为社会现实的语言的，所以传统的关于语言与文学、宏观文化与微观文化、语言能力与语言使用、普通教育与职业培训的界定，早已不像先前那样清晰。

大学英语教育将会成为最有效的外语教学途径。克拉申和特雷尔将专业性课堂活动，称为课堂上有效地向学生提供提高性输入的方式。同时，这种教学方式成功地向学生显示学习英语的优势，高度关注学生在语言学习中的分析和批评能力，鼓励学生继续提高语言技能。

大学英语教育模式和方法已经在世界范围内应用，在许多外语教学场合，包括普通大学课程和语言学院课程中，都不同程度地取得了成功。

第四节 大学英语教学改革的理念与方向

一、大学英语教学改革的理念

（一）教学改革要"以人为本"

美国心理学家罗杰斯主张，教学要以人为出发点和归宿，教学目标在于培养能够适应变化和知道如何学习的、有独特的人格特征而又充分发展的人，强调学生个性与创造性的发展。他提出了"以学生为中心"的教学模式和以教会学生学习为主的教学方法论。教育教学过程应根据未来社会对人的整体素质结构的要求以及人的个性特征，在学生培养与发展过程中进行有机整合，形成合理的素质结构，使之既能适应未来社会对学生整体素质结构的要求，又能满足学生个性发展的需要。

"以人为本"就是坚持人的自然属性、社会属性的辩证统一。在教学中坚持"以人为本",就是把培养社会所要求的、具有全面素质的人放在一切教育活动的中心。教育的核心是人的本性的发展,是以人为对象的活动。未来教育的显著特征之一就是发展学生的主体性、主动性,促进学生素质的全面提高。

大学英语是一门综合教育课程,旨在打好学生的语言基础,培养学生用英语交际的能力,满足社会对新型人才的需求。"以人为本"的英语教学改革的重点就是改变学生的学习方式。在教学活动中,应以学生为中心,让学生全面参与、积极思考、自主学习,培养学生的自我意识、竞争意识和创新意识。

(二)加强人文通识教育

我国的高等职业教育在飞速发展过程中出现了一些亟须解决的问题,学生人文精神的缺失就是较为突出的问题之一。教育工作者应尽自己所能为改变这一现状做出努力。人文通识教育是通识教育的重要组成部分,而英语教学又是对学生进行人文通识教育的重要途径。大学英语课程已不只是单纯的语言技能课程,而是对学生进行人文通识教育的有效载体。

以英语课程为切入点对学生进行人文通识教育,并以课堂这一教学主阵地为依托,将良好的道德品质教育融入课程教学之中,将课程内涵从单纯的知识层面扩展到知识中蕴含的智慧,合理调整课程的教学内容,在教学过程中融合各种教学方法,积极利用各种新的现代化教学工具,对人才的培养目标重新定位,提出以实施通识教育为理念、以培养学生的人文精神为教育目标的课程框架十分有必要。

(三)突出"能力本位"

大学英语教学改革要改变传统的教学方法,提高教学质量,这需要突出"能力本位"理念,使大学英语教学从单纯的传授知识转变为培养学生的综合应用能力。为此,必须在课型转变、教学内容转变、考核体系和方法转变等一系列问题上进行全面变革。能力本位的价值取向,与"双证制"或"多证制"的要求在本质上是一致的,并直接影响着学生将来的就业。大学英语教学过程中突出"能力本位",以培养学生实际运用语言的能力为目的,在强化教学的实用性和针对性的过程中,增强适应职业岗位的职业能力,满足学生就业和社会用人的双向需求,这是大学英语教师今后教改的主要任务和努力方向。

(四)坚持"工学结合"

大学英语教学应以"工学结合"为理念开展,在课程体系、教学管理、资源库建设、考核方式等方面与以就业为导向的"工学结合"人才培养方式相辅相成。《国务院关于大力发展职业教育的决定》中明确提出,要"大力推行工学结合、校企合作的培养模式",职业教育要"与企业紧密联系,加强学生的生产实习和社会实践,改革以学校和课堂为中心的传统人才培养模式"。

大学英语课程体系改革的基本方向应该是将公共英语教学内容与行业英语教学内容结合起来,使常规的公共英语教学既能满足一般的英语应用能力培养,又能兼顾各专业和行业不同的实际需要,实现公共英语教学内容与专业需求的有机结合。基础英语的教学设计既应考虑满足学生一般英语基础的巩固和提高,听、说、读、写、译兼顾,又要将英语基础知识与学生所从事专业和所涉及行业知识进行整合,体现大学英语的职业性和应用性,符合以就业为导向的大学教育办学方向。

(五)服务于学生终身发展

大学英语在强调"实用为主""够用为度"的同时,还要兼顾学生的综合素质培养和可持续发展。社会经济发展迅速,经济结构变化对人才素质的要求在变化,对英语能力的要求也在变化。高等院校英语教学改革应充分考虑这一点,构建英语学习资源库,培养学生的自主能力,为学生创造英语学习氛围,为他们的终身学习和可持续发展提供条件。

终身学习是终身教育和社会化学习相结合的产物,是21世纪最重要的学习理念之一。《大学英语课程教学要求》提出了大学英语教学改革是向以培养学生终身学习能力为主导向的终身教育的转变。大学英语教学应在培养学生自主学习能力的同时,充分重视学生协作学习能力和创新学习能力的培养。大学英语教学改革的最终目标不仅是培养学生语言实际应用能力和自主学习能力,更关注培养学生终身学习能力。

（六）融入职业教育理念

姜大源教授在总结世界职业教育30年的发展历程后认为，工作内容是职业教育课程实践与理论整合的依据，职业教育的课程应该从工作岗位、工作任务出发。马树超教授也指出，中国特色的大学教育必须融入产业、行业、企业、职业和实践要素。因此，无论从学术角度还是行政角度来看，职业性都代表着大学教育改革的方向。作为职业教育重要基础课程的大学英语，必须摆脱原有公共英语学科知识结构的影响，顺应基于职业教育理念的大学英语教学改革的潮流。

大学英语教学应从教学目标、课程设置、教学模式、教学评估、教学管理、教学环境、教学材料和改革效果等方面开展基于职业教育理念的大学英语教学改革。近几年为反映社会发展对英语的新要求，适应我国大学教育发展的新形势，已经有很多高等院校陆续开展了自下而上的英语教学改革，在继承英语学科教学理论的同时，逐渐融入职业教育的理念，取得了明显的改革效果。

二、大学英语教学改革的方法与策略

（一）转变教学观念，强化改革意识

大学教育改革的方向之一就是由应试教育向素质教育转变。目前大学教育的主要目标和任务应该是让受教育者学会生活、学会学习、学会工作、学会创造，因为这是未来从业者所应具有的最基本、最重要的品质。学校要充分认识教学改革的重要性和必要性，积极支持教师进行教学改革，加大校本研训力度，重视教师的继续教育工作，想方设法为教师进行教学改革创造有利条件。

教改的关键在教师，教师是实施课程改革的关键。新型的教学活动不再是教师单纯地向学生灌输知识、学生被动学习的过程，而是师生之间交往沟通的互动过程。教师与学生的关系应是民主平等的和谐互动关系，教师要与学生平等对话，真诚交往，共同探求知识，交流心得体会，促进学生自主学习的意识。教师应该把传统教学与新课改有机地结合起来，要给学生足够的思考空间，鼓励学生自主探究、合作学习。

（二）加强校本培训，提高教师素养

良好的师资队伍是高质量教学效果的保证。大学英语教师队伍建设可从四个方面着手：第一，英语教师应结合所教的专业主动拓展自己的背景知识，了解该专业工作场所对英语的需求。第二，学校应鼓励英语教师到行业、企业走访、学习和兼职，了解工作环境中英语运用的真实状况以及社会对毕业生素质能力的要求，根据调研得出的岗位需求，有针对性地调整课程结构和内容。第三，引进具有实践能力和较高理论水平的高素质人才来充实英语教师队伍，完善师资结构。第四，聘请企事业单位英语水平较高的专家担任兼职教师，以便学生及时掌握行业企业发展所需的最新知识。

教师是课程改革的实施者，教师的教学素养直接影响着课程教学的实施质量。课改成功的关键在于教师，要使教师能很好地适应新的课程体系，关键要转变教师的教育观念，更新教师的知识结构，完善教师的教学行为。学校应结合校本培训，继续加强对教师的专业理论培训，积极为教师提供多种学习、培训的机会。为了更好地推进英语教改，提高教师的自身水平刻不容缓。第一，应注重教师的精神素质提升。教师要有乐教精神、敬业精神及良好的个性品质。教师的言行举止要大方从容，要胸怀宽广，能虚心听取他人意见。第二，注重教师的专业素质提升。教师应具备扎实的专业知识和广博丰富的社会知识。第三，注重教师的语言素质提升。教师语言表达能力的高低直接影响着教学的效果和质量。教师的语气、语速、音量、音质等都直接影响着口语表达效果。因此，教师应在语言表达上下功夫。第四，注重教师的综合素质提升。教师应不断了解、研究学生的各种知识需要和情感需要，并科学对待，正确引导。教师还应努力培养高尚的师德，只有以心换心、以情激情，才能赢得学生的信任和喜爱，学生才会乐于参加教师组织的各项活动。

（三）改善学校的软硬件设施，提升教学质量

很多高等院校都面临着软硬件设施严重不足的状况，改善学校的软硬件设施，就要加大投入，以确保课程改革的全面实施。随着科技的不断发展，网络信息技术越来越受到人们的青睐，应加快学校信息化网络建设，丰富课程资源，

拓展资源库容量，以教育的信息化带动教育的现代化，为课程改革的顺利实施提供信息资源和技术方面的保证。

学校应加强教学流程管理，提高教学质量。学校课程改革领导小组成员要经常深入课堂，了解教师在课改中存在的问题，及时组织相关人员对这些问题进行研究；同时，针对课程实施中出现的新情况，进一步完善原有的教育教学常规制度，细化各岗位职责，注重管理实效。

（四）明确教改要求，优化教学内容和过程

为了明确改革的方向，对大学英语的性质、地位、作用要进一步统一认识，对英语教学中存在的问题应进行从现象到本质的深入剖析。

首先是调整教学内容。高等院校应结合社会对英语人才的实际需求，因地制宜地加大校本课程的开发力度。改变教学内容"繁、难、偏、旧"和过于注重书本知识的现状，加强课程内容与学生生活、现代社会和科技发展的联系，关注学生的学习兴趣和经验，促使学生把知识转化为能力。

其次是改革教学过程。在课堂教学中，学生的学习过程是一个有意识的心理过程。教师作为课堂教学的主导，就要适应学生的心理，使教学符合学生的认知规律和情感需求，达到教学过程的优化。一是优化师生关系。教学要使受教育者"学会学习"，而"学会学习"的能力，只有通过学习者不断的"学"的实践才能获得。二是优化教学方法，这是优化教学过程的关键。要教学生"学会学习"，就是要让学生自己掌握学习的方法，成为学习的主人。学会学习，从本质上讲就是要使学生形成不断发现问题、提出问题、解决问题的能力和习惯。这种能力和习惯是需要学习者反复实践才能养成的，这种实践也是一个多层次的渐进过程。

大学教育以就业为导向，大学英语教学改革应构建以就业为导向的模块化教学内容体系，即英语基础知识整理和巩固模块、求职就业模块、专门用途英语模块。英语基础知识整理和巩固模块，主要是对学生已有的英语知识进行整理和巩固，加强应用能力培养，为就业、求职甚至专门用途英语的学习做好铺垫；

求职就业模块，重点培养学生在就业和求职方面的口头交际能力和书面表达能力，使其具备必要的职场英语能力；专门用途英语模块，在高年级阶段开设，结合专业的需求，做到学以致用，学用结合，真正体现大学英语的职业性。

（五）适应职场需求，突出实践教学

大学英语教学要改变传统的教学模式，适应不同专业学生的个性化学习，加强教学互动性。针对不同专业的学生特点以及未来的岗位需求实施任务教学，采用任务引领、头脑风暴、思维导图、教学引导和项目教学等行动导向教学法。比如，将每节课的教学目标分解为一个个小项目，项目中的主题与即将面对的职场活动息息相关，让学生在真实的环境中获取和应用英语知识，有效锻炼学习技能、合作能力和工作技能，从而激发学生英语学习的兴趣。

实现课内外教学相结合，充分开展各类英语第二课堂活动。简单的大学英语课堂教学已满足不了学生英语学习的需求，对学生的英语教学要转变为以学习兴趣培养和学习方法引导为主的教学，实现课内外教学相结合，充分开展英语第二课堂活动。比如，定期开展英语角活动、组织参加各类英语竞赛、开展英语话剧表演、欣赏英语电影、学唱英语歌曲、举办英语化装舞会、开展各类英语学习的培训课程或系列讲座等。

发挥高等院校实训基地的作用，加强学生职场英语技能训练。目前，高等院校开辟了大量的校内外实训基地，这些实训基地可以培养学生的专业素质，让学生掌握综合的专业知识和技能，培养学生处理信息、制订计划、小组协作、与人沟通等关键能力。同时，能够帮助学生感受企业文化氛围，在职业环境中培养职业道德。此外，还应该充分挖掘实训基地的其他功能，结合真实或仿真的职业环境积极开展英语教学活动，使学生的专业能力和英语应用能力综合发展，形成综合职业能力，以适应职场发展需要。

第二章 高校英语学科教学模式

教学模式的研究、建构和应用一直为教学理论界和教师所推崇。教学模式是教学理论的具体化，它源于理论，又源于实践；它使教学理论实践化，又使教学实践概念化；它是理论的存在，又是实践的存在。因此，它使教育和教学理论指导教学实践成为可能，两者互动变得必要，也成为必然。英语教学也不例外，模式化是任何学科学习的本质属性，也是学科教学的基本特点。

第一节 高校英语教学模式概述

教学模式是以教学思想、教学理论为依据构建起来的模型或范式，典型的模式有夸美纽斯的观察—记忆—理解—练习模式，赫尔巴特的明了—联想—系统—方法模式，杜威的发现问题—提出假设—做出推论—验证假设模式，布鲁姆的掌握学习模式等。我国教学模式的研究开始于20世纪80年代中期。教学模式研究主要涉及：教学模式本质的界定和教学模式建构理论的研究。因为研究者研究视野的多维性，教学模式概念的界定呈现出多样性。钟启泉认为，教学模式是能够用于构成课程和课业、选择教材、提示教师在课堂或其他场合教学的一种计划或范型，它具有简约性、理论性和相对稳定性的特点。而顾明远则认为，教学模式是"反映特定教学理论逻辑轮廓，为实现某种教学任务的相对稳定而具体的教学活动机构"。

一、国内英语教学模式研究

国内英语教学理论界对教学模式的理解主要有以下几种："对一个系统或理论构成因素的框架式描绘。""教学模式是有理论支持的教学活动的操作框架。它可能根据一定的教学理论而建成，也可由概括实践经验来形成。""对语言教学理论或/和英语教学过程各主要因素本质及其相互关系等的形象性表述。"而肖礼全则根据教学模式在实际应用中的表现形式分为抽象和具体两种意义。所谓抽象意义是指"较为系统的教学理论、方法和观点，或带有规律性的、有相对固定的方法、步骤、活动的教学实践"；具体意义是指"用图形、表格、线条等对教学相关因素及其关系进行的框架式的、概念式的描述"。

近几年来，高校英语教学界一直在探索一条适合中国国情的教学模式。比如，王才仁提出了一种意在中国适用的英语教学交际模式，该模式"不仅把整个英语教学过程看作交际过程，而且把每一步也看成是交际；整个教学是师生之间的交际的反复循环"。该模式的核心原则是交际，交际是教师与学生之间的纽带，语言的输入与输出都通过交际来实现。该模式吸收了西方第二语言习得理论成果，在"准备—过程—结果"的基础上发展成"输入—加工—输出"的学生语言输出流程。该模式强调交际的互动性和情景性。在该模式中，英语教学内容是语言信息、语用信息和文化信息，语言形式被看作是"为实现意义转换的工具"。在英语教育史上这无疑是一大进步，但是在学生语言输入的正确、得体和流利性方面该模式关注得不够。肖礼全在对20世纪下叶以来中外四种教学模式评述的基础上，构建了一个"以中国国情为依据，以亿万中国人学习英语为目的"的中国英语教学宏观模式（也叫中国流）。该模式由教学环境、教学主体、教学过程、教学结果四个板块组成。它体现出很强的时代性，如教学过程分为实体和虚拟双轨。它吸收了先进的教学理论，因为该模式把教师和学生都看成是教学的主体，并提倡自主学习和任务型教学等新理念。但是作为一个宏观模式，它必须非常简洁明了，否则它无法涵盖各个人群的多种学习方式。该模式力图做到全面，但太全面了难以突出其重点或个性，反而易于失去自身存在的价值。

教学模式本质的界定除了概念界定之外，还包括对模式层次的界定。在现代英语教学中，可以发现三种层次的模式：宏观模式（英语教学过程模式）、中观模式（大纲设计模式）和微观模式（课堂教学模式）。英语单词approach，method和technique分别具有宏观、中观和微观三个层面的意义。

近些年来随着课程改革的不断深入，我国教师、学者以及研究人员在英语教学模式方面的研究取得了可喜的成绩。他们对模式的研究涵盖小学、初中、高中和大学等层面，如小学英语自律课堂教学模式、初中英语互动教学模式、高中英语逆向教学模式、三位一体高校英语整体教学模式；他们还从教学方法视角摸索教学模式，如"输入输出平衡"英语教学模式、"四段式"英语教学模式、提纲式英语教学模式、封闭式英语教学模式等；教学方法方面主要集中在"互动""合作""任务""创新"等视角，如"互动"英语教学模式、自主—交互式英语教学模式、任务型教学模式、"探究合作创新"英语教学模式，等等。此外，在英语阅读教学中总结了许多教学模式，如"问题式"英语阅读教学模式、英语阅读教学中的"交流—互动"模式、英语语篇教学模式等。

针对以上我国英语教学模式建构的现状，可以发现我国当前英语教学模式的研究基本上是零散式的，但是在总体上模式构建的视角有以下四个：①理论说——教学模式是从教学实践中形成的一种设计和组织教学的理论，并以简约的形式表达出来；②结构说——教学模式是在一定教学思想或理论指导下建立起来的各种类型教学活动的基本结构或框架；③程序说——教学模式是在一定教学思想指导下建立起来的完成所提出教学任务的比较稳固的教学程序及其实施方法的策略体系；④方法说———常规的教学方法俗称"小方法"，教学模式为"大方法"。英语教学模式的发展趋势具有三个主要特点：①由关注"教"的教学模式向关注"学"的模式转化；②在模式构建中越来越体现多门学科知识的整合性特征；③模式研究的理论不断深入和实验研究逐步成熟。

在中学英语课堂教学中，我们很难发现某位教师采用了某种教学模式，但是可以发现五种程序设计常式，它们分别是翻译式、听说式、答疑式、网络式和交际式。翻译式是指在教学过程中，依靠母语系统讲授教学内容，熟悉课文，掌握语法规则和一定量的词汇。听说式强调用有限数量的句型来描述无限数量的句子，把英语学习过程看成是养成习惯的过程。答疑式是指教师对学生学习中提出的问题进行分类处理，讲课时围绕学生提出的共同性的、关键性的问题进行多角度、多层次的讲解或组织学生讨论。网络式要求教师和学生共同归纳选择具有共性且富有意义的知识点，让学生通过联想把新旧信息编织起来，形成合理的知识结构。交际式是指教师选择一个功能意念项目，并设置一定的信息沟，使学生为获取所需信息而进行模拟的交往过程。在实际的英语教学过程中，没有哪一节课可以说是用了某种纯粹的教学模式。只有根据教学的实际需要和实际情况，从整体的角度出发来把握英语教学模式，融会贯通地理解和运用多样化的英语教学程序，创造性地组织教学，灵活巧妙地衔接各个教学环节，才能符合教学的动态性与复杂性之要求。

  在我国，外语教学界一直在探讨引进国外优秀的教学模式并加以实践。20世纪80年代起在浙江大学开展了以德国"柏林模式"为基础的"德语作为外国语教学论的实验"，取得了丰硕的成果。柏林模式由德国保罗·海曼于1962年首先提出。该模式提出了影响教学过程的四个基本因素和两个先决条件，即意向、课题、方法和媒介因素，人类心理条件和社会文化条件。前四种因素属于决定范畴，后两种属于条件范畴，所有这些构成了每一种课堂教学的基本框架。模式可以用结构图表示。该结构是多元互动的、相互关联的、开放的、不断自我完善的结构。其最大的优势在于它提出了两个先决条件，将对"此时此境中的人"的透彻理解作为教学的前奏。正确的定位，再加上课堂教学过程中四个基本因素的充分考虑，教学过程本身体现了教学效果。模式结构图清晰明了，充满了智慧，容易被一线教师理解和接受。这就是为什么该模式自20世纪70年代后，一直是柏林基本的教学模式，并且也是柏林教师培训班的必修课。许多德国教育教学第一线的工作者都以它为基础来进行教学设计。之后，该教学设计思想又被广泛地应用于日本、韩国、巴西、蒙古等非德语国家的外语教学及其他学科。

二、国外英语教学模式研究

在国外，语言学研究起步较早，已经建立起一套完整的语言学习理论。外国语言专家在对英语作为母语进行深入研究基础上，将其中的一些理论迁移到托福教学模式的探讨中，并总结了七种主要的英语教学模式。这七种模式在英语全球普及的进程中迅速为各国英语教学研究者和实施者所接受。这七种模式分别为：

（一）克拉申模式

该模式由克拉申（S.D.Krashen）创建，主要描写二语习得过程。该模式的基本思想可以概括为：二语能力是在较低的情感过滤条件下，通过足量的可理解输入，是以可预测的顺序习得的。

（二）贝立斯托模式

该模式由贝立斯托（E.Bialystok）创建，主要说明在形成外语能力过程中的三个层次及其有关因素的作用和组成方式。这一模式特别强调外语能力形成过程中形式和功能练习的作用，强调其他学科知识和文化因素对外语知识吸收的促进作用。

（三）斯特恩模式

该模式由斯特恩（H.H.Stern）创建，它确定了外语学习的五个要素及其内在关系。这一模式的特点在强调外语学习的元认知策略的同时，也特别指出学生本身的心理特质和身处的社会环境等外部因素的影响。五个要素分别为社会背景、学习者特点、学习条件、学习过程和学习结果。社会背景包括社会语言、社会文化和社会经济因素，学习者特点包括学习者年龄、认知特点、情感特点和个性特点，学习条件是指课堂教学和自然接触，学习过程强调学习策略、技巧和大脑活动。

（四）艾伦·霍华德模式

该模式由艾伦·霍华德（Allen Howard）创建，它是一个多中心模式。根据交际的话题、题目或任务制定外语教学大纲，并采用F.S.E.三角形学习模式。（F代表 functional practice，S 代表 structure practice，E 代表 experiment practice）这种模式强调功能和结构分析。此外，它首次提出任务型教学的概念，为后来任务型教学模式的建立奠定了基础。

（五）坎特林模式

该模式由坎特林（C.N.Candling）创建，它把学习外语看作是语言形式、概念意义和人际关系的三个知识体系的结合。这种模式认为外语学习的实质是在人际交往过程之中语言概念的形成和正确语言形式的固化过程，它十分强调语言使用的正确性。

（六）哈伯德模式

该模式由哈伯德（C.R.Hubbard）创建，它是一种学习外语的交际模式，要求在客观事物的环境中进行愉快的交往。这一模式强调语言学习中的交际性，也就是信息差。它认为没有信息差的存在就不可能有语言交际，没有实际的语言交际，也就谈不上真正意义上的外语学习。它实质上是我国交际模式的范例。这一模式是ARC三角形模式，A（affinity）表示亲近力，R（reality）表示现实的意义，C（communication）表示交际的意义。

（七）蒂东尼模式

该模式为蒂东尼（R.Titone）所创，它是力图吸收其他模式之长的一种综合模式。它既借鉴了克拉申模式的情感策略，又借用了斯特恩模式中的社会影响因素，更贯彻了哈伯德模式的交际性原则。

以上是针对国内外教学模式，尤其是英语教学模式研究的概述，而接下去将从模式的内涵特征为线索分别展开讨论，主要有结构取向的英语教学模式、功能取向的英语教学模式、任务取向的英语教学模式、社会文化交互取向的英语教学模式和整体教学模式等。在这些模式中，任务取向的英语教学模式和社会文化互动取向的英语教学模式在某种意义上说也可以归属到功能取向的英语教学模式，为了凸显它们的主要特征有意独立开来。下面将逐一进行讨论。

第二节　结构和认知取向的英语教学模式

　　结构和认知取向的英语教学模式是分别依据结构语言学教学观和认知心理学理论而建构的。结构主义语言学认为，语言的结构是内部各个层次有意义的对立体系。掌握语言就是掌握语音、语法、词汇的各种有意义的对立体系。比如，语音中的开、闭音节与长、短元音，语法中的过去、现在、将来时态，所以，掌握语言的过程，充满了对比这种对立关系的活动。同时，由于不同语言的对立体系并不相同，要明确所学外语中的那些对立体系对学生来说特别困难，必须通过与本族语的对比。这类教学模式具有理性主义教学观点，重视语言知识和利用学生的本族语等特征。认知心理学和认知语言学认为，语言能力是个体一般认知能力的一部分。因此，语言不是一个自足的系统，其必须参照认知过程。认知法在教学过程中提倡发挥学生的智力作用，重视对语言规则的理解，而忽视语言学习中的情感因素。两种取向的教学模式中较为典型的教学法包括直接法、听说法、翻译法和认知法。

一、直接法

　　直接法的诞生是19世纪末20世纪初，欧洲和北美等地加速了工业化的进程，国际交往日益频繁，各国对外语人才的需求量迅速增长。人们发现外语人才的口头表达能力特别重要，而语法翻译法恰恰就不注重学生的口头能力培养，因此，在语言学领域内出现了改革运动，其中以英国语言学家斯威特（H.Sweet）为代表的改革派强调口语和语音训练的重要性，推动了外语教学改革。直接法由法国人古因（Gouin）提出，后由他的弟子索斯（de Suze）在美国倡导，并由教育家伯利兹（Berlitz）在教学中实施。由于他们的推广，20世纪初直接法流传颇广。

　　直接法的许多教学理念是与语法翻译法相对的，如前者重视口语训练、用演绎法传授语法规则、采用母语解释难点等；而后者却重视阅读和写作能力培养，用归纳法传授语法规则、课堂上拒绝使用母语等。从直接法所遵循的五项原则（直接联系原则、句本位原则、模仿为主原则、用归纳法教语法的原则、以口语为基础原则）可以看出，直接法的教学内容基本上是关注语言的句法结构，即以句型作为教学的基本单位，并且以模仿为主要手段，基于这两个原则，直接法也是以语言的结构为基础的。

二、听说法

听说法被认为是结构取向的模式之一，它比前面两种方法都更加成熟，因为从英语名称来看，听说法（the Audio-lingual Approach）选了 Approach（路子）而不是语法翻译法和直接法中的 Method（方法）。这说明"无论在理论基础、体系还是方法方面，听说法都较语法翻译法和直接法更系统和全面，内涵也比后者丰富得多"。

听说法继承了直接法的四个特点：口语第一，听说领先；变换操练；严格控制，养成语言习惯；限制使用本族语，课堂教学运用目的语进行对比。它本身的创新只有两点：以句型为教材和操练的核心；用对比作为以所学外语进行类推和回避学习难点的基本方法。一般来说，听说具有三个特点：听说领先、句型操练和对比。

听说法的发展促进了布龙菲尔德教学法的教学过程不断完善，使之逐渐演化成为相对规范的五段教学：①认知（recognition）；②模仿（imitation）；③重复（repetition）；④变换（variation）；⑤选择（selection）。认知是指对所学句型耳听会意，一般采用外语本身相同或不同的对比，使学生从对比中了解新句型或话语；模仿可以通过跟读、齐读、抽读、纠错、改正；重复环节包括检查，让学生重复模仿的材料，做各种记忆性练习，同时教师要进行检查，当确信学生已能正确理解朗诵所学句型之后，才能进行下一段的变换活动；变换即替换操练，应按替换、转换、扩展三步逐渐加大难度，同时要注意学生的理解情况，替换分单项替换和多项替换，转换包括含义转换、结构转换和增减句子要素，如主动句变为被动句、陈述句变为疑问句等，扩展包括前置修饰扩展和后置修饰扩展；选择是指在实际交际和模拟情景中对所学语言材料进行活用。

早期的听说法注重机械操练。可是到了20世纪60年代后，机械操练受到了批评，一些应用语言学家开始改进听说法，使操练朝着有意义和有利于实际交际的方向发展。其中最具代表性的是波尔斯顿（C.B.Paulston）提出的"MMC"法，第一个M是指机械操练（mechanical drills），第二个M是指有意义操练（meaningful exercise），C是指交际性活动（communicative activities）。这三个步骤为递进式的，早期先进行机械操练，然后进行有意义的练习，要求教师给出结合学生生活的情景，让学生在规定的情景中做语言操练，在第三步骤的交际活动中，可请以英语为本族语的人来交谈，要求学生在交谈中尽量用所学语言结构等。

三、翻译法

翻译法的形成与发展直接与语言认知有关，它起源于中世纪，经过了语法翻译法、词汇翻译法和自觉对比法，再发展到认知法，在历史上历时最长，所产生的影响较为深刻。翻译法中最有影响的是语法翻译法，下面我们对它进行简单分析。19世纪盛行的历史比较语言学为语法翻译法提供了理论基础：通过翻译的手段，比较母语与外语语音、词汇和语法的异同，达到掌握外语和欣赏外国文学作品的目的。张正东把语法翻译法的发展分为三个时期：第一阶段为18世纪上半叶，具体教学方法是以外语译成本族语，内容偏重于机械背诵语法规则，其教学目的是为了解外语服务；第二阶段是18世纪下半叶至19世纪末，以本族语翻译成外语为主要方法，内容注意到了阅读，其教学目的是用外语表达本族语的内容；第三阶段是20世纪以来，在众多教学流派的影响下，在教学方法上吸收了许多其他学派的方式方法，但是其核心教学思想，如重视系统语法的教学，依靠本族语进行翻译，侧重语言形式和采用演绎方式等都没有改变。

语法翻译法主要有以下几项教学原则：①关注语言知识的学习；②采取单向传授式教学法；③重视读写能力的培养；④依靠母语进行教学。语言知识包括语音、词汇、语法等，在传授语言知识时，教师常常运用母语，通过对比法和演绎法等方法讲解和分析句子成分，同义词和反义词之间的差异以及语音、词汇和语法规则。教师的讲解是课堂教学的唯一活动，学生学习比较被动。

四、认知法

认知法是在语法翻译法的基础上形成和发展起来的。它以转换生成语法为理论基础。该理论认为，语言的深层结构体现语言能力的特点，表层结构表现语言行为的特点。人有天赋的语言习得装置以习得深层结构而获得语言能力，有了语言能力就能生成语言行为，运用话语。把这一语言学说与认知心理学的理论联系起来，语言能力就是核心结构。认知法的首倡者卡鲁尔主张学习外语应先掌握以句子结构为重点的语言知识，要理解所学内容；理解、信息加工和逻辑记忆对于学会外语极为重要。在理解的基础上，再让学生在生活实际和交际情景中进行操练，操练中发展逻辑记忆能力。因为学习外语不是形成习惯，而是先天习得能力的发展过程。这些过程落实到教学活动中主要是语法先行并用演绎法教语法，故卡鲁尔又称认知法为经过改造的现代语法翻译法。而左焕琪却认为认知法重视语法，必要时用母语进行教学，要求通过有意义的练习而不是大量使用演绎法。

认知法被认为是当代外语教学法，它的一些教学原则已被当代各个学派所接受。如学生中心原则，容忍错误的原则，听说读写并进、视听兼用的原则，情景原则等。认知法的教学过程可概括为"理解（句子结构和所学内容）→形成（语言能力）→运用（语法，即语言行为）"三大阶段。

五、认知法教学案例（45分钟）

（一）讲授新词

教师在黑板上挂上一幅图画，内有男、女孩各两名，每人在进行一种活动。学生根据已经学过的语言知识谈论这幅画。遇到学生使用与新词接近的词时，教师引出要求学生学习的新词。当学生提到动词时，教师引出动词现在分词的形式与意义。在理解的基础上，学生跟教师朗读新词。了解新词意义后，教师要求学生根据图画内容，尽量运用所学单词讲故事。学生讲完后，教师讲他的故事（课文）。（7分钟）

（二）讲解语法

要求学生根据教师已使用的动词现在分词，小结该语法现象的形式与意义，然后教师进行总结，适当使用汉语解释难点。（8分钟）

（三）语法练习

引导学生由近及远谈论现在正在做的事情：①教室里发生的事；②学生家庭中发生的事；③回到图画，鼓励学生创造性地使用外语，谈论图画中四个孩子的活动。教师在学生用到现在进行时时，加以重复和强调。（10分钟）

（四）传授新课

学生打开书，开展小组活动，逐句讨论课文内容与意义。然后根据课文互相提问。小组讨论结束后，教师先要求学生提出不能在小组内解决的疑难问题。全班就这些问题进行讨论后，教师总结，给出问题的正确答案。教师再一次小结动词现在进行时的形式和意义。（15分钟）

（五）布置作业

听课文录音，改进语音语调；拼写单词并回答书面练习；动词现在进行时问答与填空。（5分钟）

第三节　功能取向的英语教学模式

斯特恩认为功能派与结构派最大的差异是它更加关注语言使用者的社会和环境因素，在语言研究方面体现这些改变的是语义学、话语分析、社会语言学、交往人类学以及语用学的诞生。把交际视为教学内容本身的功能派有两种不同观点：一种是分析性的，被称为"功能分析"（function analysis）；另一种是整体性的和非分析性的，被称为"功能大纲"（function syllabus）。近年来，功能分析已经对语言大纲的制定、教材的开发以及教学方法的选用等方面都产生了影响。下面举几个典型的例子来说明功能分析对语言教学产生的影响，如威尔金斯（1976）提出意念大纲的概念；欧洲委员会现代语言项目的开展（Trim 1980；van EK and Trim 1984）；威德尔森（1978）提出的交际语言教学法重视语言的"使用"（use）而不是"用法"（usage）；芒比（1978）提出特殊目的语言教学项目内容鉴定模式；菲纳利和斯温（1980），菲纳利（1983）分析了交际能力的内涵，为语言测试的发展和语言水平研究奠定了基础。

从20个世纪60年代开始，语言研究的重点逐渐由语言形式、句法关系转向语言使用、语义和语言的社会功能。社会语言学对语言教学乃至整个语言学界所做的重大贡献之一是提出了交际能力的概念。1972年社会语言学家海姆斯（D.Hymes）在著名的《论交际能力》一文中指出，离开了使用语言的准则，语法规则是毫无意义的。海姆斯认为，交际能力是由语法、心理、社会文化和实际运用语言等能力系统互相作用的结果。1980年，加拿大的菲纳利（M.Fanale）与斯温（M.Swain）系统总结了关于交际教学法理论的探讨与研究成果，并提出交际能力应由以下三方面能力构成：①掌握语法（grammatical competence），包括词汇、词法、句法、词义与语音等方面的知识；②掌握语言的社会功能（social linguistic competence），指使用语言的社会文化规则与语篇规则；③使用策略（strategic competence），即为使交际顺利进行而采取的语言与非语言交际策略，后经不断充实，已具体到怎样开始会话、维持对话、要求重复、澄清事实、打断对方、结束对话等。后来，菲纳利对交际能力的构成框架进行简单调整，把语篇能力从掌握语言的社会功能中分离出来，构成了第四方面的能力；同时拓宽了使用策略的能力，包括提高交际有效性的所有努力。功能取向的英语教学模式的诞生与当时的哲学、语言学、心理学、人类学和社会学发展息息相关。以"语言的社会交际功能是最本质的功能"为核心思想的社会语言学的诞生为该模式提供了语言学基础。以功能取向的英语教学模式包括交际法教学模式和自然法教学模式，本节将重点介绍前者。

交际法兴起于 20 世纪 70 年代的欧洲，它是一个典型的以语言的功能项目为纲的一种教学方法。但是，实际上交际法不是一个一般意义上的教学模式，它已形成了一场国际性的交际运动（communicative movement），并出现了交际方法的多元化局面。交际教学（communicative language teaching）是一个多种理论的联合体，至今似乎没有一种定义能对其内涵做出界定。艾尔顿在 1983 年就曾把交际教学归纳为六类。在总体上，胡春洞认为交际法有两个基本观点：①外语学习者都有他特定的对外语的需要；②语言是表情达意的体系，而不是生成句子的体系，社会交际能力是语言的主要功能。因此，交际法的教学目标在于培养学生在特定的社会环境中使用外语进行交际的能力。为了提高学生的交际能力，交际法教学过程可以从以下三方面展开：

（1）分析学生对英语的需要：在制定教学大纲时，首先分析学生对外语的需要。通过对学生需要的分析，就能知道这个学生需要掌握什么样的语言功能、什么样的文体和什么样的语言形式，并以此制定出相应的教学大纲。由于交际法对学生需要的重视，"需要分析"已成为一个独立的研究课题。

（2）以意念/功能为纲：交际法认为以语法或情景为线索组织教学内容忽视学生的特殊需要，难以培养交际能力。交际法在其形成之初主张以学习者所要表达的内容即意念为线索。这种以语言使用者通过使用语言来实现的交际功能为线索的意念大纲，也被称为功能大纲。交际法第一份具体的教学大纲正是以语言的交际功能为线索组织的。以意念/功能为纲的思想是交际法的核心思想。

（3）教学过程交际化：大纲的制定和教材的编写不是一个完整的教学体系的全部内容，交际能力的培养最后必须在课堂教学中实现，教学过程的交际化也是交际法的一个重要组成部分。它可以体现在以下几个方面：以话语为教学的基本单位，语言材料的选择力求真实和自然；以学生为中心，教师是活动的组织者，学生在各种活动中学习外语；教学活动以内容为中心，大量使用信息转换、模拟情景、扮演角色、游戏等活动形式；对学生的语言错误采取容忍的态度，不以频繁的纠错打断学生连续的语言表达活动。

以上三个环节表明交际法在教学过程中以学生的需求为教学的出发点，学生需求是制定教学大纲即学习内容的依据；同时所使用的材料尽可能真实，如可以把目标语的人士带进课堂或进入使用目标语社区，或引入各种书籍与报刊节选的文章或电影、电视和电台报道片段等。鼓励学生在实际生活中使用语言，他们的错误被认为是学习过程中出现的自然现象而无须指责。

斯特恩认为如果在语言课堂上开展标准的交际活动必须包括四个条件：①与本族语人士接触；②有机会融入目标语环境；③创造真实使用语言的机会；④需要学习者个体参与。这些条件在我国较难做到，尽管在一些比较发达的地区，目标语人士可以进入课堂，也有项目支持学生融入目标语环境，但是，英语教学可以吸收这些条件的精神，利用以下一些活动来优化课堂教学：①充分利用语言课堂的教学行为；②讨论话题尽可能源自学生的个人生活或至少与之相关联；③挑选尽可能多的对学生具有教育意义和职业发展有利的话题；④设置交际课堂练习，如设置小型活动让学生练习并熟悉目标语的一些表述特征。有关文献对第四种方式讨论较多，针对前三种尽管有人研究过，但是文献非常有限。总之，交际课堂教学的具体教学方法十分多样，其基本精神是开展师生之间、生生之间有意义的对话或讨论，也称"语言意义的谈判"（negotiation of meaning）。上课经常采取两人结成对子进行对话，4~6人为一组的小组活动和全班讨论的形式。交际法教学虽然提出在语言使用过程中学会语言的用法，但是它并不排斥有关语言形式的教学。

王才仁在参照国外一些模式的基础上，提出了一个在我国进行英语教学的综合模式：英语教学交际模式。该模式的命名是出于这样一个教学理念：整个英语教学过程是交际过程，而且把每一步也看成是交际；整个教学是师生之间交际的反复循环。下面将对该模式的几个核心环节进行简单介绍：①"教师"和"学生"成为教学的双主体，师生之间的交际构成教学全过程；②社会环境提出教学要求，体现在教学大纲中，对教师有制约作用；③教学大纲由国家制定，是教师执教的依据，对教材的编写和使用起指导作用；④教材要通过听说读写等渠道和一定的情境活化为交际行为，成为信息的源泉；⑤输入是学生接受语言材料三方面的信息：语言信息（包括操作性、观念性）、语用信息和文化信息；⑥加工指信息加工，外部加工表现为课堂活动，内部加工指大脑内的活动，互相作用，互相促进；⑦输出指学生运用英语的能力，每一项输出达到正确、得体、流利的程度都会反馈给教师，以便了解教学效果，整个过程达到的程度则最终反馈给社会。

该模式认为教学的实质是交际，而交际是通过活动得到体现的。如教学中师生二主体作用是通过活动来体现；英语物质操作和观念操作二重性，是通过活动体现的；信息的输入和输出，也是通过活动实现的。所以，活动是更新教学观念，开创英语教学新局面的一个重要哲学支撑点。另外，该模式还强调运用英语时要遵循四个原则：意义性（meaningfulness）、功能性（function）、得体性（appropriateness）和移情性（empathy）。此处前两个原则容易明白。所谓得体性是指所说的每一句话要根据不同的对象、场合和时机选择合适的表达方式；而移情性是指在表达意思时要考虑目标语国家的文化风俗习惯。最后，该模式把我国的英语教学目标定位在培养学生的交际能力上。

交际教学的理念正不断地深入我国的英语课堂教学实践。彭那祺通过多年的教学探索，把交际教学融入自己的日常教学，不断提升自己的教学理念，2000年出版了专著。她总结道："和谐"是交际性教学最重要的艺术特色。她认为，"在英语课中最为重要的是要从交际的高度出发，去帮助学生打下坚实的英语基础和培养运用英语的交际能力，并在习得英语的过程中掌握一套成功的英语学习方法和良好的语言习惯。这些将构成他们可持续发展的英语潜能"。

第四节　任务取向的英语教学模式

一、任务型英语教学模式的定义

任务型教学是指一种以任务为核心单位计划、组织语言教学的途径。它是诸多交际教学途径中的一种，其教学思想仍然在交际语言教学思想的理论框架之内。在国外，任务型语言教学已有20多年的实践，最先进行任务型第二语言教学实践的是印度学者普拉布。针对任务型教学的研究已经取得可喜的成果，很多学者从不同的侧面对任务型语言教学进行了研究，赋予其新的内涵，具有影响力的专家有布林（1987）、坎德林（1987）、努南（1989）、朗（1989）、克鲁克斯（1993）、威利斯（1996）、威廉姆斯和波顿（1997）、斯里恩（1998）、理查德（2000）、伍德（2002）等。其中努南根据英语课堂教学中的任务与真实生活中的任务的相似程度把任务分为"真实世界的任务"或"目标任务"（real-world tasks or target tasks）和"教学任务"（pedagogical tasks）。前者是指那些在生活中有类比对象或原型，即通过客观分析考查后，根据实际需要设计的，旨在赋予学习者完成真实生活中类似任务的语言能力；后者包括基于第二语言学习者习得的理论和相关研究，未必直接反映客观实际的任务，只限于在一定的教育环境中运用。

龚亚夫和罗少茜根据目前的有关文献，把主张任务型教学的专家和学者分为"广义任务派"和"狭义任务派"。狭义任务派认为，只有为了某种交际的目的使用语言的活动才可以称为任务。该任务定义与努南所提出的"真实世界的任务"或"目标任务"的概念比较吻合。而广义任务派认为，任务可分为"交际任务"（communicative tasks）和"学习任务"（enabling tasks），此处的学习任务与努南提出的教学任务意义比较接近。学习任务概念的提出对当前英语课堂教学活动的设计有更大的推动意义，因为英语课堂的学习非常关注课本内容的理解和运用，如在阅读课上，教师根据课文的相关信息设计出一个部分信息缺失的表格，让学生快速阅读后把信息填满。这种围绕课文内容设计的学习任务容易被中学教师所接受。但是，我们的教育要真正意义上提高学生的语言运用能力，并提升学生的素质，那么任务的定义最好能满足斯里恩对任务提出的五方面要求：①意义是首要的；②有某个交际问题要解决；③与真实世界中类似的活动有一定的关系；④完成任务是首要的考虑；⑤根据任务的结果评估任务的执行情况。换言之，任务关注的是学生如何沟通信息，通过交流互动解决交际问题，而不是强调学生使用何种语言形式；任务具有在现实生活中发生的可能性，而不是"假交际"；学生应把学习的重点放在如何完成任务上，对任务进行评估的标准是任务是否成功完成。

在英语教学中，目前教育部制定的《英语课程标准》的实施建议明确指出：倡导"任务型"教学途径，培养学生综合运用语言的能力。任务型英语教学提倡以教师为主导，以学生为主体的教学活动，它提倡体验、实践、参与、交流和合作的学习方式。学生在活动中认识语言，运用语言，发现问题，找出规律，归纳知识和感受成功，真正让学生掌握讲英语、用英语的本领，从而培养兴趣，树立信心，发展自主学习的能力和合作精神，为终身学习和发展打下基础。

二、任务型英语教学模式的理论基础

任务型教学概念被提出后，它的发展、演化和内涵的不断丰富得益于理论的支撑。言语行为理论是任务型教学与研究一个十分重要的理论来源。言语行为理论旨在回答语言是怎样用于"行"，而不是用于"指"这样一个问题。奥斯汀认为言有所为的话语是被用于实施某一种行为的。根据个体说话时所实施的三种行为，奥斯汀提出了三种模式行为，即言内行为、言外行为和言后行为。言内行为是指传统意义上的"意指"，即指发出语音、音节，说出单词、短语和句子等。言外行为是指通过"说话"这一动作所实施的一种行为。人们通过说话可以做许多事情，达到各种目的。言后行为是指说话带来的后果。塞尔在奥斯汀研究的基础上，把言语行为理论提高为一种解释人类语言交际的理论。塞尔认为，语言交际单位不是单词或句子等语言单位，而是言语行为。于是，语言交际过程实际上是由一个接一个的言语行为构成的。每个言语行为都体现了说话人的意图。他把一句话所实施的言外行为与内容联系起来，即话语行为与命题行为之间的关系。

随着任务型英语教学研究的不断深入，国内学者从不同的视角来探讨和建构它的理论基础。龚亚夫和罗少茜认为该教学模式的理论依据来自许多方面，有心理学、社会语言学、语言习得研究、课程理论等。从语言习得的角度可以解释任务型英语教学的必要性，而社会建构理论和课程理论可以阐释任务型语言教学的教学理念。魏永红认为系统功能语言学的诞生对20世纪80年代以后的语言教学的发展产生了重大影响，包括任务型教学。同时她又从学习论的一些视角，如皮亚杰的认知发展论、布鲁纳的发现学习论、奥苏贝尔的意义学习论和社会建构主义学习理论，以及教学论的活动教学来分析任务型教学的教学理念。下面我们重点从语言习得理论、课程理论和活动教学三个视角来理解任务型教学的必要性和意义。

语言习得是指一个人语言的学习和发展。此处的学习与课堂上教师的语言知识的传授式的学习意义相对。我们通常说："Language is not taught but acquired."（语言不是教会的而是习得的。）语言习得理论告诉我们，在语言课堂上仅仅学一些语言规则和词汇意义并不等于就能自如地运用该语言了。威利斯通过研究语言习得发现，当学生做机械性语言练习时，他们的注意力有意识地集中在语法形式上，可能看起来暂时掌握了所学习的语法结构。而一旦让他们用语言去交流，注意力集中到语言的意义上时，语言错误就会很多。另外，蒙哥马利和艾森斯坦做过一个实验，他们把一个班分成两组，实验组教语法，但同时也有实践的机会，对照组只讲语法。结果表明，虽然实验组用于语法学习的时间少，但是实验组不仅交际能力强，而且语法测试的成绩也比单讲语法的班级好。因此，语法加交际比单纯讲解语法知识更能提高语言的流利程度和语法的准确程度。

语言习得理论并非反对教语法，而是提倡在学习了该语法项目后，能有实践和运用的机会，如在不同的情景或语境中反复接触含有该语法规则的实践机会，并在不同的情景中使用这些固定表达方式。只有不断地在真实情景中使用语言，才能逐渐发展自己的语言系统，这正是任务型英语教学所要追求的效果。语言使用在任务型教学模式中是指用语言来做事情，即完成各种任务。当学生积极地参与用目的语进行交际的尝试时，语言也就被掌握了。当学习者所进行的任务使他们当前的语言能力发挥至极点时，习得也扩展到最佳程度。课程理论是指人们对课程与社会、知识、学生等关系的规律性认识。英语学科课程理论是从学习者的角度，将学习理论、课程理论和教学实践综合的一种课程理念。它具体为由意识（awareness）、自主（autonomy）和真实（authenticity）三要素组成的3A课程观。课程理论有助于我们对任务型教学模式的教学理念做更深入的理解。

在3A课程框架中，瓦利尔首先提出意识的重要性。意识是指在课程学习时教师要让学生知道自己在做什么和为什么做，只有当学生明白自己学习的内容对他的生活或发展是有价值的时，他才会投入注意力，对某物开始关注，有意识地参与，用心去感受过程，用心去反思效果。这份意识给普通教师的启示是教学不能只给学生灌输知识点，而是首先要在思想上让学生明白学习的目的和意义。任务型教学模拟人们在生活中使用语言的情景，通过各种有明确目标的活动，使学生能有意识地参与语言的交流，从而掌握语言。学生一旦找到了学习的价值，内动机被激活后，学习就进入第二阶段——自主阶段。

此处的"自主"指的是学习者可以根据自己的兴趣对要求完成的任务具有一定程度的选择权利，如可以自主确定总任务下的次任务内容，以何种方式完成任务，以及小组成员的分工等。学习者被赋予了选择权，同时也被赋予了责任。学习者带着这份责任会尽力做事，这份发自内心的动力有助于对信息进行深度加工，提高学习效果。同样这份对自己学习负责的责任感有利于学生成为富有责任感的公民，达到民主教育的目的。学生通过参与任务型教学，不仅学会了语言，更重要的是学会了做人，因为学习过程就是人生磨炼的过程，这就自然要求学习过程的真实性。

瓦利尔的"真实"包括教材的语言材料没有被加工，课堂中使用的语言与生活相一致，更重要的是人的"真实行动"。所谓真实行动是指该行动是发自内心的，自愿的行动。在任务型教学中，学生想做的事情是他们自己想做的，他们的行为是自己选择的，他们表达的是他们的真实感受，他们所说的语言是他们想表达的，这才是真实。相反，不真实的行为是由外部因素引起的，是那些因为大家都这样做，或是被要求这样做，自己才这么做的事情。任务型教学鼓励学生表达自己的真实感受，传递真实信息，讲述生活中真实的经历，而不是背诵和转述课文。

活动教学主要是指以在教学过程中建构具有教育性、创造性、实践性、操作性的学生主体活动为主要形式，以鼓励学生主动参与、主动探索、主动思考、主动实践为基本特征，以实现学生多方面能力综合发展为核心，以促进学生整体素质全面提高为目的的一种新型教学观和教学形式。该教学方式有以下四方面基本主张：①坚持"以活动促发展"为基本指导思想；②倡导以主动学习为基本习得方式；③侧重以问题性、策略性、情感性、技能性等程序性知识为基本学习内容；④强调以能力培养为核心，以素质整体发展为取向。

以上有关活动教学的基本主张表明，它与任务型教学的理念非常吻合。首先，任务型教学中以任务即"用语言做事的活动"为其基本教学组织形式。这样做的理论假设是有效的语言学习不是传授性的，而是经历性的，让学习者参与有目的的交际活动，在交际中认识、掌握、学会使用目的语是习得第二语言的最有效途径。其次，从学习方式来看，任务型教学积极倡导合作学习、交往学习、探索发现学习、体验学习等学习方式。通过用目的语交流、沟通、协商，完成任务的过程，促进交际各方在目的语的掌握使用上相互取长补短，促进各方中介语系统的扩展、修订、重构，从而使语言的输入也在语言的使用过程，即输出过程中得到落实，语言的输出"能激发学习者从以语义为基础的认知处理转向以句法为基础的认知处理。前者是开放式的、策略性的、非规定性的，在理解中普遍存在；后者在语言的准确表达乃至最终的习得中十分重要。因此，输出在句法和词法习得中具有潜在的重要作用"。最后，从发展能力、提高素质的角度看，人作为社会个体，交际能力是最基本的生存能力之一。通过任务型教学，不仅语言水平得到提高，学生的沟通能力、合作能力也得到了锻炼提高，因此，任务型教学是一种有效的素质教育途径。

三、任务型英语教学模式的特点和原则

在任务的定义部分已经提及斯里恩对任务型教学的五个构成因素，在此不再重复。下面将介绍努南提出的任务型语言教学的五个特点：①强调通过交流来学会交际；②将真实的材料引入学习环境；③学习者不仅注重语言的学习，而且关注学习过程本身；④把学习者个人的生活经历作为课堂学习的重要资源；⑤试图将课堂内的语言学习与课堂外的语言活动结合起来。这五个特点在我国英语教学中应用，要特别注意以下几点：

尽可能把英语课设计成各项语言活动，如回答问题、填信息表、设计课文提纲等，提供给学生真实情景下的、基于信息差的、有意义的交流活动。

注重语言知识的教学，但是不要单向的灌输，而是在任务布置后，让学生感受到要完成任务必须得到必要的语言输入，先创造需求后以交互方式在完成任务的情景中提供。

要充分体现真实性原则，即语言材料的真实，问题设置尽量以学生的实际为出发点，同时要求学生提供真实的感受和想法，教师也要以真实的思想与学生交流，达到心灵的沟通。师生之间和生生之间通过这样的真诚沟通，加深相互的理解，使课堂上共同度过的时间更加美好。

随着对任务型教学的研究逐步深入，努南在提出任务型教学的五个特点之后，又于1999年提出了五条教学原则：①言语、情景真实性原则；②形式—功能性原则；③任务相依性原则；④在做中学原则；⑤脚手架原则。这五项原则相比他提出的五个特点，在理论上进行了高度概括，对教学实践具有更强的指导意义。第一项"言语、情景真实性原则"在上文已经分析过。第二项"形式—

功能性原则"中的形式是指语言形式,即有关语言知识本身;功能是指语言知识在真实情景中的运用。该原则要求教师和学生对语言形式和语言功能有清晰的认识;任务设计要注重语言形式和语言功能的结合,旨在使学生掌握语言形式的同时,培养其使用语言的能力。总之,在进行任务型语言教学时,语言的形式与语言的意义是紧密结合的。第三项"任务相依性原则"是指任务设计既要遵循由易到难的原则,又要体现任务之间的关联性,如总任务涵盖许多小任务,小任务环环相连、层层铺垫,随着小任务的完成,最后达到高潮,完成一个总任务。第四项"在做中学原则"可以说是任务型教学最核心的原则,"做"可以指我们前文中的"活动""交互"等概念,在此不展开讨论。最后一个原则是"脚手架原则"。该原则可以从两方面进行理解:一方面,教师设计任务,一定要符合学生的实际,让学生通过努力能够顺利完成,从而获得安全感和成就感。另一方面,在具体完成任务过程中,任务如何完成,任务的成果会是什么样的,教师都能在教学的初级阶段提供给学生一些可以借鉴的思路或样本。

第五节 社会文化互动取向的英语教学模式

课程作为一种社会文化,教学活动作为一种社会文化的传承与发展的现象,教育社会学流派对学校课程与教学的影响已经显而易见了。其中的解释理论(也有人称为"互动理论")成为本节讨论的社会文化互动取向的英语教学模式的理论基础。该理论由现象学、知识社会学、符号互动论、俗民方法论、拟剧论等社会学术思潮共同构成。在课程与教学方面,其基本要点包括:①关注教学活动中教师与学生如何构建、解释并控制其日常生活过程中的问题,关注师生人际互动过程。②强调师生共同创造课堂生活,解释师生各自的角色和各种行为所表达的意义。注重师生在课堂中对话,认为要通过理解、解释去剖析师生的观念与行为。③分析课堂教学情景时,认为语言是最基本的符号,课堂教学是通过语言进行有效沟通的;在教学过程中,师生对课堂情景的不同理解是影响课堂教学效果的重要原因之一;社会互动是指人与人或群体与群体之间发生的交互活动或反应的过程。此外，英国新教育社会学家扬（M.Young）于1971年出版的《知识与控制：教育社会学的新方向》一书，发展了知识社会学理论。其基本观点是：把教育现象看成是一种创造性的事实而非一种既定的事实，师生互动是一种解释的过程而非一种由教师要学生被动接受的过程，教育知识和内容并非肯定是"客观的、公正的、有效的"，而是受制于社会、政治的权利影响。

以上观点表明课程是一种社会文化，课堂教学是社会文化的传承，所以社会文化互动取向的英语教学模式，可以简称为互动教学模式，或"交互"（式）英语教学模式。张森和蔡泽俊认为交互式教学模式是指在主体间的交往中（包括师生交往、生生交往），师生共同参与教学活动，相互承认与尊重，通过多种方式相互作用、相互沟通，促进学生全面和谐发展。它是开放的、建构性的，是一种全新的教学模式。该模式最早由帕林萨尔于1982年提出，它是一种以支架式教学思想为基础来训练学生的阅读策略的教学模式。该模式具有两个特点：重点放在培养学生以特定的、具体的用以促进理解的策略；这种教学以教师和学生之间的对话为背景。那么对于语言课堂，交互意味着什么？韦尔斯认为"交互"是学生通过使用语言而获得语用能力，在使用过程中学生的注意力集中在传达和接受真实的语言信息上（在关系到交互双方利益的情景中交换信息）。韦尔斯认为交流是话语的基本单位，语言交互是合作活动，不管交流是口头的还是书面的，都包括在信息发送者、接收者和情景环境三者之间关系的建立中。交互不仅是自我观点的表达，而且是对别人观点的理解。

交互对语言学习为何如此重要？首先，通过交互学生可以增加他们的语言储备。因为在交互过程中他们倾听或者阅读真实语言材料，通过倾听同学们在讨论时的语言输出，或完成共同参与的解决问题的任务，或撰写对话日记等途径。其次，在交互时，学生能够使用他们所有的语言知识进行真实的交互，而这种表达真实意思的交流对他们来说是很重要的。就这样，他们能从所听的内容中提取信息，因为理解是一个创造过程。此外，他们也能通过创设语篇去表达意图。最后，在二语的语境下，交互对在新语言和文化中生存是必不可少的，所以学生需要接受在新语境中交互方式的训练。

交互有利于语言学习，那么在语言课堂上如何进行有效交互？韦尔斯等学者对此展开了研究，并总结了以下一些有效措施：

（1）教师给学生创设大量的倾听真实语言材料的机会。此处的真实语言材料包括教师流利的课堂英语、录音或录像带、报刊、卡通书、书信、产品说明书、菜单、地图等。如有可能，可把英语为母语的人士带入课堂与学生进行非正式的交互。真实材料不一定都很难，它们可以在一些有意义的活动中加以使用。

（2）学生从开始就必须在课堂情景中听说英语。例如，学生可以面对挂图和实物听说英语；可以通过角色扮演、演戏和讨论听说英语；可以编制电台口头秀或在教室建立一个二手市场，或举办鸡尾酒晚会、求职面试等活动。

（3）学生参与一些联营任务：学生一起做一些有意义的活动，诸如制作某物、娱乐别人、为跨文化口头报告准备材料等。

（4）学生观赏一些原版电影或录像带，观赏以英语为母语的人士如何交流，如观察非言语行为——如何感慨，如何开始、维持对话交流，如何进行意义协商以及如何结束交流等。

（5）语音可以通过交流来提高，不仅可以通过对话式的听说活动，而且可以通过诗歌朗诵与创编对话或剧本等过程来锤炼语音和语调。

（6）跨文化交流对现实世界语言运用来说是很重要的。首先，学生通常拥有相同的观点和价值观，相同的行为方式和言语方式。他们能辨别自己对目标语人士以及相互文化的思维定式。这种学习经历可以直接进行观点交流或介入另一种文化的活动。这种有指导地引领学生进行成功的跨文化交际活动或项目可以帮助学生建立自信。其次，观察来自不同文化的人士进行交流，清楚自己如何应对不同民族人士，把握自己的言语风格，以及操练不同的交流技巧，这些都能促进学生将来在不同文化环境中生存。最后，英语作为外语，学生可以把那些有可能因为文化差异而导致交流失败的片段表演出来。如有可能，还可以与以英语为母语人士从他们本民族的文化视角来谈谈他们所做决定是否合适。歌曲、音乐和舞蹈也能让学生欣赏对方民族的文化底蕴。

（7）在阅读活动中，在读者与文本之间应该有精彩的交流，如解释、拓展、讨论其他的可能性或其他结论。通常阅读可以让学生进行有效的口、笔头输出。

（8）针对写作活动，要注意写好的东西应该有人来阅读，如在班级报纸上刊登或抄写在通知栏上。对话日记是交互性写作的典型例子。

（9）交互并不排除语法学习。语法知识有利于交互水平的提高，但是要把语法学习过程交际化，让学生通过有效的意思表达的经历来内化语法规则。

（10）测试也应该是交互性的水平测试。多项选择和填空题是语言知识的测试，不是正常语言使用活动。测试应该尽可能地转回到语言的正常使用上来，使测试成为一个在理解和表达方面意义建构的有机过程，因为测试本来就是学习过程的一个部分。

近年来，我国的学者和教师也越来越关注英语课堂教学的互动性。李秀英和王义静认为"互动"英语教学模式是高校英语教学的必然趋势。作为教师，我们不能把自己看作是不断向学生传递信息的源泉，而应是组织学生大量参与使用语言的学习活动的组织者和参与者，从而为学生学习使用语言创造机会，提供指导，使学生通过自己的语言实践来掌握这些知识和能力，并为取得富有成效的结果提供协助，帮助学生提高学习能力，并在学习过程中逐渐掌握最适合自己情况的学习方法。李秀英和王义静提出"互动"英语教学模式设计的根本原则必须符合创造性的有意义的语言操练。具体地说，互动活动的内容应有助于激发学生的兴趣、学业目标和事业目标等，在互动教学过程中新导入的内容必须与学生已有的知识、背景等相关，互动活动的内容还必须要能够激发学生参与活动的内在动机。这样的活动可以包括以学习者为中心的、合作性的教学，以内容为中心的活动，语言、文化相结合的活动，以语言表达能力培养为基调的活动，以技能培养为基础设计的测试。此外，李秀英和王义静在具体课堂教学过程中，把"互动"英语教学模式设计成以下种类：以问题为中心的操练活动，以词语使用为方式的词汇学习过程，以人称替换、原文内容为主线的故事"重组"活动，以翻译为检测手段的巩固方式，听说结合的听力教学方式，形式多样的趣味英语活动。

这些有关高校英语教学的"互动"理念和根据这些理念设计的教学活动比较新颖，其实这些操作方式就是课堂教学交际化的具体体现，把学生的主体性充分挖掘出来，试图通过语言运用来学习语言。从"互动"英语教学模式设计的种类看，该模式把各个教学环节都变成了互动过程，这点做得非常好。但是，互动活动在很大程度上仍然是在关注语言本身，如操练活动，词汇学习方式，巩固活动，听力教学方式等，这表明"交互"只是在教学技巧上的一种改变，在总体上没有形成比较完整的新的课堂教学体系。这里的"交互"与前面提到的"交际教学"区别何在？根据本节最前面提到的"解释理论"的主要观点，课堂上通过师生的平等交互，其主要的任务是应该加深双方之间的理解以及双方对事物的理解。在交流过程中不断地使用目标语，从而掌握该语言。

要想使自己的课堂更具交互性，建议教师在英语课堂上不妨抛弃那些程式化的教学语言，如 Now we are going to study grammar./Now let's study the new words./Now let's use this word to make a sentence. 而更多地使用与交谈话题相关的、富有情感的、互动式交际性语言，如，Let's imagine…/Suppose…/In that case, what do you think…What's your opinion about…/Put yourself in the position…/Do you want to make a guess？/Who has a different opinion about…等。

随着英语课程改革的不断深入，对互动英语教学模式的研究也在不断深入。例如，张森和蔡泽俊总结了"交互式"课堂教学基本模式的流程为：目标导入—小组讨论—组际发言—成果评价。在课堂上可采用同桌互学、小组讨论、大组辩论、自由发言等形式，营造"生—生""师—生"间自由平等的氛围，通过学生之间的互相提问、互相帮助，让学生学会思考、解决问题、发展思维，从而实现学习的目的。

张森和蔡泽俊提出的交互概念与上文提及的韦尔斯等提出的概念不完全一样。前者仅仅把交互定位在语言符号的使用上，而后者可以包括语言、活动和非言语性的理解活动（如读者与文本的交互）等。

总之，社会文化互动取向的英语教学是一种面向未来的新事物，它的内涵与形式需要不断完善和丰富，它的教学组织方法也将朝着多样化的方向发展。

第六节　全语教学模式

全语教学模式也称整体语言教学模式，该模式的理论首先由肯·古德曼提出，其核心理念是：语言是整体的，不能被分割成听、说、读、写等技能。同样，语言中的词、短语、句子和段落好比是一件东西内部的原子和分子，我们可以研究原子和分子的特性，但是其整体意义总是超过各部分加起来的总和。此外，该理论还把语言教学的范畴推广到与学生生活有关的其他各个方面。学习语言的目的是满足学生现实生活中的真实需要，为了能够进行有意义的人际交流，解决生活中的实际问题。它的优势是能够使一个主题概念多角度、多层次地反复重现，使学生有机会把过去的知识和经验与今天的学习任务结合起来，使新旧知识在头脑中形成网状记忆、网状联想，使英语学习的质量发生飞跃。我国学者王才仁对上面第二层意思进行了拓展，认为"整体语言法"（Whole Language Program）就是把学语言与学习其他文化课结合起来，实行综合推进，既学语言，又长知识，互促互动。一个学英语的人，如果汉语水平不高、知识面狭窄，很难在英语上有很高的造诣，即便能流利地说英语，也无法充分发挥英语的交际工具作用。

语言是一个整体，知识学习也是一个整体，学习者的生活和学习也应该得到统整。对此，左焕琪认为整体教学法的最大特点是："它一反自古以来由教师决定从部分到整体进行教学的传统，强调由学生主动参与并遵循内容从整体到部分的教学过程。"这种反传统的教学方式是受到了语言习得和学习的科研成果启发，该成果表明只有当学生认识到语言整体时，他们才能认识语言的本质。在外语教学中，要注意以下几点：①应先让学生在教师的启发下看到整体，然后逐步掌握教学内容；②每一部分的学习应该是有意义的，而不是无意义的机械操练；③可先用母语讲清概念，然后采取师生与学生之间互相交流的形式练习；④口语与书面语并重，以达到理解透彻与掌握的目的。

整体教学法可用于宏观与微观外语教学中。宏观是指每个单元开始时，先与学生一起讨论该单元的主题概况，然后学习具体内容和词汇、语法结构等；微观是指如教授某一语法现象，可先讨论同一大类的特点，再学小项。在每次上课时，整体教学把每节课作为一个整体来处理，而每节课又都有侧重。这种教学法的心理基础是格式塔心理学。该理论认为为了培养创造性思维，教师也应把学习情景作为一个整体呈现给学生，人对语言刺激的反应是综合的，而不是通过对语句的分析来理解其内容。王静认为该整体教学模式可以体现在以下方面：①课堂教学的整体设想；②课堂教学内容的整体处理；③在设计整体教学过程中，教师必须遵循语言学习的规律；④注重发挥教师的主导作用；⑤注意整体教学的适应性。针对课堂教学的整体设想，要注意面向大多数学生，课堂教学要以多数学生的听说读写活动为主，以完成教材内容为主。

第三章 大学英语教学改革的方向与趋势

第一节 大学英语教学核心要素的特征及教学模式的转变

以教师为中心的知识传授教学转向以学生为中心的综合应用能力教学模式，既是"本真"的大学英语教学应有的承诺，也是信息技术飞速发展的必然结果。经过近些年的快速发展，中国互联网已形成规模，应用走向多元化，人们在工作、学习和生活中越来越多地使用互联网。中国互联网络信息中心统计报告显示，网民规模跃居世界第一位。互联网已经凸显出重要作用，改变了人们获取知识的手段，以其不受时空限制的显著特征对学校教育产生着十分巨大的影响。

网络工具庞大的信息资源和可接近性使信息流更直接地指向学生，以往的学校教育中教师与学生的依存关系正在经受严峻挑战，也必将发生根本性的改变。新技术网络工具的介入，使学习者不再像过去那样通过他人的视野和引导而获得学校学习，学习可以是 24/7，即一周 7 天、每天 24 小时的学习，超越了时空限制，学习无时无刻、无所不在。计算机技术日新月异的进步使其功能有了跨越式的发展，在外语教学方面已远远超出了其辅助功能，逐步走向主导。大学英语教学的教材、时间、空间、媒介、学习者、教师等教学中的关键变量都将呈现出全新的特征，标志着大学英语课程教学网络环境的形成。由于网络语言中英语独特的话语权地位和英语学习者得天独厚的语言便利和可及性，大学英语课程教学受到显著影响。大学英语课程教学中的学习者、教师、学习内容等核心要素被赋予了新的内涵，学习者正在形成一种新的心理空间和认知空间。

同时，教师与学生角色的根本性变化对大学英语教师的课程教学与研究也提出了新的更高的要求，首要的任务是"实现教学理念的转变，即实现从以教师为中心、单纯传授语言知识和技能的教学模式，向以学生为中心、既传授一般的语言知识与技能，更加注重培养语言运用能力和自主学习能力的教学模式的转变"。本节将对以教师为中心转向以学生为中心的"中心转向"主要变量内涵特征进行分析，探讨在网络环境下大学英语课程教学研究中其转变的若干基本原则。

一、以教师为中心大学英语教学模式的局限性

大学英语教学是高等教育的一个有机组成部分。传统上，大学英语课程计划和教学在特定的时期、在一定的循环内部发生、发展，大学英语课堂教学任务的设计和实施以及教学评价的手段和目的旨在确认教学任务的达标情况；学生未取得主体地位，在学校这个特定的空间被动地接受英语教育，且有一定的修业年限；大学英语课程内容在覆盖范围和编设程序等方面都有硬性规定；评价形式单一，教材、软件、教学辅助设备等教学媒介基本上是线性的和预先决定了的；教师是大学英语教学的主体和中心，是学生学习、获得英语相关知识的最主要的渠道，是"牵引"学生学习。以教师为中心大学英语教学模式中的教师、学生和教学媒介呈现的相互关系是从教师到学生、从教材到教师与从教学媒体到教师的强交互，而从学生到教师、从教材到学生、从教学媒体到学生则是弱交互。教师除严格按教学要求完成施教的任务外，不能决定教学目的和教学计划设计。教师在课堂的施教、知识传授主要体现在泰勒模式的六步循环之中，即确定自己的课堂教学任务，使学生能力达到教学目标要求，设计课堂教学过程，按教案授课，根据反馈信息重新分析课程和教学方法，以及调整教学方法等。在网络多媒体环境下，这些传统的教学模式、教学内容以及教学方法等都不能适应新的大学英语教学情境要求。因此，分析网络环境下大学英语

教学主要组成要素的特征，构建新的大学英语教学模式成为当下大学英语课程教学改革的必然。

二、大学英语教学核心要素的主要特征

网络环境下，大学英语课程发展和教学出现了新的特征，在很大程度上不同于传统的大学英语教学模式。计算机网络与外语课程的整合至少取得了外语教学打破教材为知识唯一来源、创设理想的外语学习环境和改变传统的教学结构三大突破，课程不再是绝对规定性的，教师也不再是学生获得知识的唯一连接点。网络信息量极其丰富，但是零乱无序，不具备传统意义上课程在内容范围和程序编设方面的确定性和良好结构。网络信息直接指向学生，学生成为学习的中心，他们可以"控制"学习媒介和"课程"的程序，可以自主选择学习的时间、地点和内容。学习是非线性的和无连续性的。在网络环境下，大学英语课程教学中的学习内容、教师、学生等主要方面都被赋予了新的内涵。

1.更加丰富多样的学习内容

网络环境下，大学英语学习者接触、学习的内容极其丰富繁杂，远远超出《课程要求》所规定的必修课程和选修课程的教材内容体系，而延伸到与学生当下学习主题相关的影像资料以及从网络上获取的各种信息资源。网络信息和丰富多样的知识更直接地指向学习者，不再需要中间环节，学习者可以完全依据自己的兴趣、爱好和对自己未来设计的需要自主、自由地选择、重组、再加工。网络所提供的超媒体、超文本信息，以及跨学科、跨时空和面向真实世界的链接，构建起了使学习者走出大学英语课堂、融入社会实际英语使用情境的内容体系，有助于实现学习内容与学生之间的双向强交互，因此更好地体现了大学英语课程兼具的工具性和人文性。从而在结合大学英语课堂教学巩固语言基础的同时，也成为学生拓宽知识领域、了解世界文化的素质教育课程。从构建课程的角度看，为学生的研究性学习、创造性学习和问题解决提供了更为便捷有效的认知工具和认知空间。

2. 教师主体地位的淡化

随着学习内容的改变，大学英语教师的角色也相应地发生显著变化。与过去直接的语言知识传授、严格监控的教学活动模式相比，教师更应该去强调通过设计重大语言学习任务或问题引导学生学习和支撑学生学习的积极性，隐藏或淡出自己的中心地位，帮助学生成为学习的主体，并设计真实、复杂和开放性的语言学习环境与问题情景，诱发、驱动并支撑学习者探索、思考与解决问题的活动。

教师的"中心转向"及其责任之一就是去放弃教学过程中的绝对主导者角色，转向为学生自主学习、自我思考、自我发现的促进者、组织者和指导者，帮助学生理解不断变化的环境和自己，最大限度地发展他们的潜能。以学生为中心，强调用真诚、信任和理解的根本原则，强调学习方法。因此，教师要充分信任学生，对学生的任何具有独立性思想与感情都应予以认可，相信他们能够充分发挥自己的潜能。尊重和理解学生的内心世界，使学生获得安全感和自信心，获得真实的自我意识。

教师中心地位的隐藏或淡化并不意味着教师中心地位的丧失。相反，在传统教学模式向网络背景下大学英语课程教学转型开始发生时期，借助网络操作简单、功能强大的搜索引擎，教师有了成为学校课程发展领导者的机会。随着越来越多的大学英语教师和大学英语学习者走向"键盘"，大学英语教师有了更为广阔的调用网络资源的发展空间，进而发挥新的教学指导作用：超越时空地以超文本的形式与学生在线直接交流，随时随地帮助解决学生学习中遇到的各种问题。

根据特定目标和特定学生设计不同的网络课程任务，对学生进行有针对性的"因材施教"。依据问题、兴趣、需要等，整合不同的主题，建立跨学科的联系。引导学生在网上"畅游"世界，开阔眼界，以亲身的探索经历构建坚实的学习基础。引导学生通过网络培养阅读、听说、写作等技能，强化批判性和创造性等高级思维能力。将娱乐性、参与性强的网站引入教学内容之中，激励和刺激学生"人机互动",寓教于乐。在现实的语言体验中内化语言知识,形成并不断提高综合语言应用能力。

3. 学习者主体地位的凸显与学习者意义的建构

各国历来都十分重视学生的学习,认为学生的学习对于掌握知识、形成技能、发展智力、培养能力、养成品德、塑造人性具有积极的意义。中国古代关于学习过程最为典型的理论有五阶段论,即"博学之,审问之,慎思之,明辨之,笃行之"(《礼记·中庸》)。现代西方学者侧重突出学习者心理在学习中的地位。行为主义的学习理论强调学习刺激与反应的联结,主张通过强化模仿来形成与改变学习者的行为。认知主义的学习理论强调学习是认知结构的建立与组织的过程,重视整体性与发现式的学习。人本主义的学习理论(以罗杰斯"以学习者为中心"的学说为代表)强调学习是发挥人的潜能、实现人的价值的过程,要求学生愉快地、创造性地学习。当代的多元智力(MI)理论所倡导的是一种积极的学习观,认为人的智力是由分析性、创造性和实践性三个相对独立的能力方面组成的,绝大多数人在这三方面的表现不均衡,个体智力上的差异主要表现在这三个方面的不同组合上。每个学生都有自己的优势智力领域、有自己的学习类型和方法。建构主义学习观认为,每个学生都不应当等待知识的传授,而应基于自己与世界相互作用的独特经验去建构自己的知识并赋予经验以意义。强调学习的积极性、建构性、积累性、目标指引性、诊断性与反思性、探究性、情景性、社会性以及问题定型学习、基于案例的学习和内在驱动的学习等。学习是个体建构自己的知识的过程,以现有的知识经验为基础对新信息进行编码,建构自己的理解,"生长"出新的知识经验,并在信息积累的过程中,不断对新、旧知识经验的冲突引发的观念转变进行结构重组。由于经验背景的差异,学生对问题的理解常常各异,在学生群体之中,这些差异本身便构成了一种宝贵的学习资源。学习者所需要的更多是可以增进他们之间合作的机会,整合不同的观点,进而促进学习的有效进行。

在网络环境下,大学英语学习者所扮演的不再是某一种单一的角色,而可以说是上述各种角色的综合。学习者在人格上获得了与教师平等的主体地位,成为能"充分发挥作用的人",他们的学习是主动的,不再是被动的刺激接受者,而成为教与学的主体,是信息加工与知识的主动建构者,通过网络媒体创造的学习环境,按照自己的需要调节内容呈现的形式和进度。通过网络工具他们可以有效控制自己的学习过程,在寻求理解的过程中进一步产生新的学习动机,自己决定信息的关联及其程度,要求课文只给出"大观点"的结构,期望情景性的评价机制。随着学习者在英语学习过程中独立性、自主性和创造性主体地位的提升,在现实语言的交往中自身的语言知识经验得以有效"生长",学习者意义也同时得到合理的建构。

三、大学英语教学模式转变的基本原则

网络环境下大学英语课程教学内容、教师和学生的变化,尤其是由以教师为中心向以学生为中心的转变,必然要求对教学方法也应予以重新审视和反思。从源于古希腊苏格拉底和柏拉图的哲学取向的教学理论,到19世纪初赫尔巴特现代意义上的教学理论在哲学取向或心理取向的分野,在教学方法上的主张一直是以讲授法占主导地位。讲授法是教师通过口头语言向学生系统地传授知识的方法,包括讲述、讲解、讲演三种基本方式。这种基于知识和以教师为中心的教学方法曾在历史上发挥了重要作用,产生了巨大影响,即使在今天的大学英语课程教学中,仍然在部分地沿用。

当代教学理论在教学方法上对讲授法加以改造,注重学习的心理因素。行为主义的教学方法把"刺激—反应"作为行为的基本单位,认为教学的艺术在于如何安排强化,程序性教学方法设计严格遵循逻辑程序,目的是保证学生在学习中把错误率降到最低限度。认知主义倡导发现法,强调学习过程、直觉思维、内在动机和信息的加工和提取。人本主义重视教师的促进作用,帮助学生构建学习意义,鼓励学生全员参与、自我发起、自我评价。建构主义要求把所有的学习任务放置在较大的任务或问题中,重视学习者发展对整个问题或任务的自主权。建构主义教学方法首先是设计支持并激发学习者思维的学习环境,鼓励学习者根据可替代的观点和背景去检验自己的观点,提供机会并支持学习者对

所学内容与学习过程的反思。

上述教学方法都是基于知识传授的方法。随着网络时代的到来，大学英语教学范式的设计需要考虑出现的一系列新的变化：以教师为中心向以学生为中心的转变、单一意义刺激向多意义的转变、单一路径向多路径的转变、单一媒体向多媒体的转变、个人学习向合作学习的转变、知识传授向信息交流的转变、被动学习向互动和主动参与学习的转变、事实记忆向研究型和探究型学习的转变以及孤立、人为语境向真实世界语境的转变等。

对这一社会变革力量我们不能采取"等等看"的态度。这不是一个网络"是否"会改变大学英语课程教学的问题，而是"如何"和"何时"改变的问题。"何时"即"现在"。构建大学英语课程教学新的范式势在必行。基于上述分析，大学英语教学"中心转向"几个基本的原则是：学生和教师都将同时成为学习者。大学英语课程教与学的过程将会是互动的和多向的交流形式，而不是单向的知识传递。教学手段是多媒体的。网络将得到更为广泛的应用，学习资源以多媒体的形式呈现，教学手段趋向多元。学生自己决定学什么和怎么学去构建自己的知识，不再是被动的接受性学习。

教师的主要角色将是引导者(guider)、指导者(mentor)和辅导者(tutor)，教师应是反思的，而不仅仅是经验型的。学习需要一套基本的学习技能，包括对新技术的应用能力和认知以及元认知技能等。学习环境必须彻底重新构建。大部分学习经历将指向现在或将来，而不再指向过去。学习者考虑更多的将是自己未来的设计，知识的学习和技能的培养与未来有更为密切的关系，并在学习中得到充分体现。对学生的评价应是连续的和发展的，而非一次性和完全标准化的。

为此，大学英语课程教学也应予以重新设计。在网络环境下，以计算机为核心的现代教育技术、教学内容、教师、学生应构成一个生态化的大学英语教学环境，使教师与学生在整合的教学情境中相互作用、相互补充、相互转换，充分发挥教师和学生在教学中的积极作用。当前比较理想的有效教学整合可以设计为下述八种依次由简单到复杂的方法之一或几种方法的组合运用：以事实、表征形式、规则、实践等活动实现知识习得、操作、模型目的的"基于内容的教学方法"。以故事、未知内容作为活动形式实现语言意识、语言兴趣的"基于技能的教学"。以"大观点"、熟悉度、文本组织为教学活动内容实现文本理解、信息联结的"探究教学法"。通过合作活动、小组活动等师生间、生生间互动发展社会技能的"基于概念的学习法"。围绕当前事件设计教学活动内容，达到在不同学科间共享决策目的的"学科间渗透教学法"。针对未来事件拟定教学内容和课堂内外教学活动提高学生分析问题、解决问题能力的"合作学习"。以及导引学生在接触学习内容时充分自由想象，逐步形成对新知识和表征形式建构的"批判性/创造性思维教学"。

大学英语教学模式的转变，目的是促进大学英语学习者个性化学习方法的形成及其自主学习能力的发展。网络环境对大学英语课程教学的内容、教师、学习者和教学方法等都产生了深刻影响，网络信息更直接地指向学习者，不再需要中间环节，使学习者可以完全依据自己的兴趣、爱好和对自己未来设计的需要自主、自由地选择。实现从以教师为中心，单纯传授语言知识和技能的教学模式向以学生为中心，既传授知识与技能，更注重语言实际应用能力和自主学习能力的教学模式的转变，大学英语教师更应该去强调通过设计重大任务或问题引导学生学习和支撑学生学习的积极性，隐藏或淡出中心地位，帮助学生成为学习的主体，并设计真实、复杂和开放性的学习环境与问题情景，诱发、驱动并支撑学习者探索、思考与解决问题的活动。大学英语学习者主体地位的获得，使其由被动的刺激接受者走向更加主动的有效学习，去生成自我语言知识，建构自我意义，成为教学的中心。以学生为中心大学英语教学模式的转变是学习者主体得以显现和持续的保障。

第二节 大学英语教学改革存在的问题及其对策

2003年，教育部开始实施"高等学校教学质量和教学改革工程"，大学英语教学改革是其中重要的组成部分。教育部选取100所高校作为大学英语教学改革试点，先行先试。2007年，教育部正式颁布实施《大学英语课程教学要求》（以下简称《要求》）。自此，大学英语教学改革实践在全国各高等学校展开。《要求》指出大学英语课程是大学生必修的基础课程，不仅明确了大学英语课程的地位，而且从教学性质与目标、教学要求、课程设置、教学模式、教学评估、教学管理六个方面对大学英语教学实践提出了具体要求。综观近年来的大学英语教学改革，虽然取得了一定的成效，但也存在诸多争议。本节分析大学英语教学改革存在的问题及其内在原因，并在此基础上提出进一步深化大学英语教学改革的对策，力图为大学英语教学改革的未来发展指明方向。

一、大学英语教学改革存在的问题及其原因分析

《要求》是各高校开展大学英语教学改革的纲领性文件。各高校要在此基础上根据自身办学特色，制订与之相适应的英语课程体系、课程内容等具体的教学改革实践方案。从各校教学改革实施的方式与效果看，大学英语教学改革存在以下三个主要问题。

（一）大学英语教学改革的方向迷失

当前，大学英语四、六级考试已成为许多高校开展英语教学改革的指挥棒。各大高校从四、六级考试题型和内容中捕捉大学英语教学改革的方向，使大学英语教学沦为应试工具。自1987年我国推行大学英语四级全国统一考试以来，四、六级考试的题型进行了多次调整，这种变革与大学英语教学改革是相呼应的，但四、六级考试仍无法全面反映大学英语的教学要求。在四、六级的100分制阶段，考试题型侧重语言本身，较少涉及英语应用能力的测试，后期逐步加大英语听说能力测试内容的比重。在710分制阶段，不划分及格线，不颁发证书，只发成绩单，突出对听说能力的考查。听力分值由原来的20%上升到35%，阅读部分维持在35%的比重，但考查的内容与形式越来越偏向实际应用。四、六级考试只是用于评价学生英语学习效果，衡量学生是否达到大学英语教学目标的能力要求的一种方式，而不应该作为唯一的教学目标。

部分高校出台了"达到四、六级考试及格线的学生可申请免修大学英语课

程"的规定。部分中学英语基础扎实的学生进入大学后，只要通过入学后的第一次四级考试就能"免修"大学英语课程，这与《要求》的指导思想背道而驰。《要求》不仅指出大学英语是必修的基础课程，而且建议"学校的学分制体系要体现学生大学英语课程的成绩，保证大学英语的学分占本科总学分的10%"。为了督促通过四级考试的学生继续修读大学英语课程，有些高校推出六级、雅思、托福英语考试等各种培训班。雅思、托福考试比四、六级考试更注重考查学生语言之外的信息，要求考生不但要有扎实的语言基础知识，还要有灵活的语言实际应用能力。不可否认，雅思、托福考试已成为评价我国学生英语能力的一种辅助手段，但仍然不能作为大学英语教学的目标。

大学英语教学沦为应试教育的主要原因包括：大学英语教学目标不明确，将培养学生达到四、六级考试的及格线作为大学英语教与学的目标，忽视了学生英语综合应用能力的培养；大学英语教学评估体系单一、不科学，尤其缺乏对学生自主学习、英语实际应用能力的评价，将四、六级考试达到及格线或托福、雅思成绩作为衡量学生英语能力的主要标准。

（二）大学英语自主学习流于形式

《要求》建议变革传统英语课堂教学的"教"与"学"关系，建立以"学"为主、以"教"为辅的新模式，培养学生的英语自主学习能力，并在此基础上，构建个性化的大学英语教学模式。这就要求在英语课堂教学中渗透自主学习模式，通过"自主"的教学方式，逐步提高学生的自主学习能力。显然，这种教学模式的成功需要"教"与"学"两方面的协同作用。一方面，高校必须统筹各方资源，包括英语教师、计算机技术人员与管理人员，搭建基于校园网的英语自主学习平台，为学生提供丰富的线上学习资源；另一方面，学生要充分利用课外时间，开展在线英语自主学习。严梦娜对福建农林大学非英语专业学生的课外学习情况进行问卷调查，发现63.7%的农科学生和50.8%的工科学生将课外时间用于休闲或上网，其中上网获取资料用于学习的学生分别占21.8%和27.8%。王林海和赵虹对燕山大学学生使用网络进行学习的情况进行调查，发现大部分学生上网是为了休闲娱乐，只有部分学生利用网络自主学习或获取有用信息。蒋宇红和周红对嘉兴学院 1000 名二年级学生的自主学习状况进行问卷调查，发现 65.0% 的学生没有养成自主学习的习惯，网络学习只是走马观花，应付老师的检查。

上述调查数据表明，强调自主学习的教学模式并没有充分调动学生自主学习的积极性，未能达到预期的教学目标。究其原因，主要有以下几方面：一是自主学习平台建设滞后，有些高校甚至尚未建立英语自主学习的网络平台。二是自主学习的线上资源有限，主要内容仍是四、六级模拟考试题或雅思、托福考试题，缺乏与英语综合应用能力培养相对应的学习资料。三是学生自主学习的自觉性欠缺，缺乏有效的监控措施和评价手段，单纯依靠学生自觉进行课外网络自主学习难以取得理想效果。因此，构建和利用在线资源，促进学生开展自主学习，以提高英语学习效率是推进大学英语教学改革的难点之一。

（三）英语应用能力培养的措施不到位

《要求》提出大学英语的教学目标是"培养学生的英语综合应用能力"。王才仁调查发现，82.3% 的受访者认为提高学生的英语综合应用能力最重要。严梦娜的问卷调查也得出相同结论，89.3% 的农科学生和 91.6% 的工科学生认为英语学习的主要目的是提高英语应用能力。但遗憾的是，大部分英语教师无法准确描述出到底什么是英语综合应用能力，更不用说采取具体的应用能力培养措施。《要求》中也没有对综合应用能力做出明确定义。有学者认为《要求》对"综合应用能力"概念缺乏明确界定，使各高校对英语综合应用能力的培养无所适从，甚至走入误区。

据严梦娜调查，许多高校还没有将《要求》落实到可操作层面，只是在传统课堂教学的基础上，增加了一些自主听说的学习课程。这些自主听说课程由于资源不足与学生自觉性不强，难以取得预期效果，这导致英语综合应用能力的培养流于形式。英语综合应用能力包括哪些内容，如何培养学生的英语综合应用能力，直接牵涉到大学英语课程体系、课程设置等问题。课程体系和课程设置对教学具有引领作用。课程设置不当，英语教学有可能走弯路、走错路，英语应用能力的培养自然成为空谈。

二、深化大学英语教学改革的对策

（一）明确大学英语教学的目标与任务

不明确大学英语教学的目标，容易迷失大学英语教学改革的方向。《要求》指出，大学英语教学的目标是培养学生的英语综合应用能力、发展学生的自主学习能力与提高学生的文化素养。其中，最重要的是培养学生的英语综合应用能力。大学英语教学要培养包含听说能力在内的综合应用能力，以改变传统"聋哑"英语的被动局面，提高学生的英语交际能力。

虽然强调听说能力的培养，但也不能削弱英语其他应用技能的培养。英语综合应用能力包括听、说、读、写、译等多方面内容，除了要重视听说能力的培养，英语阅读能力、翻译能力和写作能力也不可忽视。阅读能力是听、说、写、译等各种能力的前提和基础，是语言知识和文化信息输入的主渠道。在英语听说环境受限的情况下，阅读是人们接触英语最方便快捷的途径。

（二）构建各具特色的大学英语课程体系

大学英语课程体系的设计要立足于学校及学科人才培养的需求，从学校的办学与人才培养目标出发，构建具有各高校特色的大学英语课程体系。在构建大学英语教学课程体系时，要充分考虑学校部分学科发展的需要，采取大学英语教学"四年不断线"的方式，培养高素质、具有国际视野的学科人才。一、二年级主要为学生开设综合英语课程（读写课和听说课），三、四年级主要开设以专业英语或学术英语为主的特殊用途英语课程。特殊用途英语课程是英语基础课程与专业双语课程之间的桥梁。通过特殊用途英语课程及其后续专业双语课程的教学，使学生顺利地从大学综合英语的学习过渡到英语的专业应用类课程的学习。

不同高校通过构建各具特色的大学英语课程体系，设计"四年不断线"的课程，引领正确的教学改革方向。英语教师要相对固定于一个专业的英语教学模式，了解相关专业学科背景，积累相关的专业英语资料，向一、二年级学生推荐与专业基础知识相关的英语听力或阅读材料，使学生在双语课程、专业英文学术报告的熏陶下，潜移默化地接受英语应用能力的培养。

（三）深化听说教学改革

《要求》提出"培养学生的英语综合应用能力，特别是听说能力，使他们在今后学习、工作和社会交往中能用英语有效地进行交际"。因此，在教学实践中，要始终按照课程教学的要求，着力提高学生的听说能力。

当前许多高校首选的应对策略是适当增加听力课的课时，有些高校英语读写课与听力课的课时比例达到1∶1。除此之外，各高校应深化听说课程教学的改革。一要贯彻"以说带听、以听促说、听说并举"的课内教学原则。不但要在听力课中强化听说，还要在读写课教学中重视听说训练，实现各种教学场合的听说并举，达到提高学生听说能力的目的。二要合理规划在课外时间实施英语听力的教学。除课内教学外，教师要指导学生在课外时间开展听力训练。实行英语四级考试及格后大学英语免修制度的高校，可组织免修学生开展自主听力学习。一方面教师要为学生提供课外听力材料；另一方面要进一步完善英语网络自主学习平台，为学生的课外听力训练创造条件。

（四）培养学生自主课外阅读的习惯

阅读优秀的英语文学作品，可以提高学生的英语实际运用能力。美国著名外语教学专家威斯特·布莱姆贝克说："采取只知语言不懂其文化的教法，是培养流利大傻瓜的最好办法。"严梦娜对大学生课外英语文学阅读情况进行调查，发现48.5%非英语专业本科生课外没有阅读过英语文学作品。因此，在非英语专业学生中开展课外阅读英语文学作品的训练，充实学生英语阅读的"内容图式"，将对学生英语综合应用能力的培养发挥基础性作用。

国内部分高校利用网络自主学习平台，开展学生的英语课外阅读教学实践，但效果不甚理想。课外英语文学作品阅读教学应重视过程性评价。一要以学生为主体，在学生理解作品内容的基础上，教师阶段性利用读写课的教学时间，进行互动交流。师生互动、平等参与的生动情景和各种有趣的竞赛活动能提高学生的阅读兴趣，让学生认真品味和欣赏英语文学作品，避免学生对英语文学作品阅读产生抵触情绪。二要制订合理的英语文学作品阅读分级教学目标。教师要根据英语文学作品的难易程度，分配相应的阅读分值，引导学生根据自己的英语基础选择不同分值的文学作品进行阅读。教师要分阶段对一、二年级学生的英语文学作品阅读进行评估，要求学生每个学期完成一定量的文学作品阅读任务；对三、四年级学生实行英语文学作品阅读奖励制度，每学期根据学生的阅读分值进行奖励，逐步培养学生自主阅读英语文学作品的习惯。

综上所述，高校英语教师要以《要求》为纲领，以学校的办学定位和学科建设为服务对象，精心设计大学英语课程体系，构建合理的课程设置，引领正确的教学方向。同时要分析当前英语教学改革面临的问题，主动求变，采用"四年不断线"的做法，在强化听说训练的基础上，将大学英语的教学延伸到学生的专业学习，促使学生顺利地从普通英语学习向专业英语课程、专业双语课程学习过渡，逐步提高学生的英语综合应用能力。

第三节　大学英语教学改革的方向

2003年教育部启动的大学英语教学改革已走过20个年头。在这期间，大学英语的教学目标从"培养学生较强的阅读能力和一定的听、说、写、译能力"转向"培养学生的英语综合应用能力，特别是听说能力"，教学模式"从单一的教师讲授"转向"基于计算机网络的多媒体教学"。这一改革对提高学生的听说能力、培养学生的英语综合应用能力起到了积极的作用。但是，随着大学新生入学英语水平的提高以及高等教育国际化的普及，大学英语教学内容的改革成为人们关注的焦点。一些学者纷纷呼吁 ESP（专门用途英语）应该成为我国新一轮大学英语教学改革的方向。他们的论点明确、论述充分、令人信服。但是，其中也出现了范畴不一、术语混乱等问题。这些问题如果不厘清，有可能影响 ESP 教学与研究在国内的发展，给大学英语教学带来负面的影响。鉴于此，本节试图对 ESP 与大学英语教学的关系做进一步的探讨，对 ESP 能否成为大学英语教学的方向做进一步的论证。

一、ESP 的概念、特征和目的

ESP 是 English For Specific/Special Purposes（专门用途英语）的缩写。中外学者对于 ESP 的概念有不同的表述。

最早提出 ESP 概念的英国学者哈里德认为："ESP 是公务员的英语、警察的英语、法官的英语、药剂师和护士的英语、农业专家、工程师以及装配工的英语。"英国学者麦基认为："ESP 是指有明确实用目的英语教学，这种目的和职业要求紧密相连。"英国学者汤姆和艾伦认为："ESP 作为一种语言学习方法，其教学内容和教学手段都取决于学习者的目的。"英国的 ESP 研究专家沃特斯认为："ESP 是指与某种特定职业或学科相关的英语，是根据学习者的特定目的和特定需要而开设的英语课程。"国内著名 ESP 教学专家卢思源认为："ESP 是应用语言学的一个分支，它是指专为科技人员和商贸工作者的某些特殊需求而设计的英语教学方法和教材。"冯建中认为："ESP 指与某种特定职业或学科相关的英语，例如，警察英语、护士英语、科技英语、商务英语、医学英语、法律英语等。"学者任荣政和丁年青认为："ESP 指与特定职业或学科相关的英语，如法律英语、医学英语等。"

尽管以上学者对 ESP 概念的表述不完全相同，但是我们可以从中归纳出两个共同特征：（1）ESP 和某种职业或学科紧密相连；（2）ESP 的学习者有明确的目的。

1985 年 4 月，ESP 教学专家皮特·斯特雷文斯在斯里兰卡 ESP 国际研讨会上曾指出：ESP 有四个根本特征（absolute characteristics）和两个可变特征（variable characteristics）。ESP 四个根本特征是：（1）需求上，课程设置必须满足学习者的特定需求；（2）内容上，与特定学科或职业相联系；（3）语言上，适合相关专业或职业的句法、词汇和语篇上；（4）与通用英语（EGP）形成对照。ESP 的两个可变特征是：（1）可以只限于某一种语言技能的培养（如阅读技能或口语交际技能）；（2）可以根据任何一种教学法进行教学。

纵观国内外学者有关 ESP 的概念，不难看出 ESP 是一种行之有效的教学途径，它是以应用语言学的理论为依据，以学生的特殊需求为出发点制订教学目标、教学内容和教学方法，其目的是培养和提高学生在所学专业领域用英语进行学习和交流的能力，在所从事的行业里用英语从事工作和沟通的能力。说得直白一些，就是培养学生用英语完成任务的能力，突出英语的工具性。

二、ESP 的分类

根据不同的标准，ESP 有不同的分类法。目前国际上比较著名的是乔丹根据使用目的所做的两分法和沃特斯依据学科门类所做的三分法。

乔丹按照使用目的把 ESP 分为以满足职业需求为目的的职业英语（EOP）和以学术研究为目的的学术英语（EAP）。学术英语又进一步分为通用学术英语（EGAP）和专用学术英语（ESAP）。而沃特斯则是按照学科门类把 ESP 分为科技英语（EST）、商务英语（EBE）和社科英语（ESS）三大类。它们又分为职业英语（EOP）和学术英语（EAP）。很显然，乔丹的二分法较三分法更为简洁。

国内学者在 ESP 的分类上分歧很大，有的甚至截然相反。蔡基刚、冯建中、李建平都赞同乔丹的两分法。文秋芳虽然采用三分法，但是她的三个分类是职业英语（EOP）、学术英语（EAP）和学科英语（EDP）。而王丽娟的分类则截然相反，她认为，通用英语（EGP）和专门用途英语（ESP）都归属于学术英语（EAP）；夏纪梅认为，商务英语（EBP）、职业英语（EOP）、科技英语（EST）、某专业英语（E…P）等，其实这些都属于学术英语（EAP）。

此外，国内学者对 ESP 一些术语的翻译也不一致。2010 年，蔡基刚把 EGAP、ESAP 和 EOP 分别译为"学术英语""专业英语"和"行业英语"，并把这三门课程之和称为 ESP "专门用途英语"。在同一年的另一篇文章中，蔡基刚又把 ESP 译为"学术英语"，把 EAP 译为"一般学术英语"。2012 年，蔡基刚把 ESAP 译为"特殊学术用途英语"。2014 年，蔡基刚把 EAP 译为"学术英语"，把 EGAP 和 ESAP 分别译为"通用学术英语"和"专门学术英语"。夏纪梅把 EGAP 译为"通用性学术英语"，把 ESAP 译为"专业性学术英语"。

文秋芳把 ESP 译为"专用英语",而且还提出了一个"学科英语"的概念,并解释说"学科英语"更适合由专业课教师负责,如生物英语、计算机英语、化学英语等。沈骑则把 EAP 译为"学业英语"。由此看来,国内学者在 ESP 的分类和术语的翻译上还存在着很大分歧和混乱。这些分歧和混乱必然会影响 ESP 教学与研究在中国的发展,影响大学英语教学目标的实现。

那么到底应该怎样翻译这些术语?按照什么标准对 ESP 进行分类?我们认为学术界应该在这些术语的翻译上达成共识,统一名称。翻译的原则应该是:保留原有约定俗成的译名,新出现术语的翻译在简洁、达意的前提下以多数学者认可的译名为准。我们的译文如下:

EGP (English for General Purposes):通用英语

ESP (English for Specific/Special Purposes):专门用途英语

EOP (English for Occupational Purposes):职业英语

EAP (English for Academic Purposes):学术英语

EGAP (English for General Academic Purposes):通用学术英语

ESAP (English for Specific Academic Purposes):专用学术英语

从文秋芳对"学科英语"的解释来看,她提出的"学科英语"就是传统的"专业英语",我们译为 SBE (Subject-based English)。

如前所述,不同的标准导致 ESP 的不同分类。如果从纯学术研究的角度对 ESP 进行分类,分类越细越好,因为只有这样才能把不同语体、不同类别英语的特点研究透彻,辨别清楚。但是从大学英语教学的角度来看,我们认为不宜分得过细,应该按照目的性、简洁性、可操作性三个标准对 ESP 进行分类。目的性是指分类要有利于大学英语教学目的的实现;简洁性是指分类要简洁明了,清楚易懂;可操作性是指分类要切实可行,易于操作。

我们分类的依据是 1999 年制定的《大学英语教学大纲》(以下简称《教学大纲》)。《教学大纲》虽然没有明确提出 ESP 这一概念,却在教学要求中体现了 ESP 教学的内容,规定学生在高年级必须修读"专业英语",即 ESP 课程。

职业英语（EOP）本节暂不做讨论。我们没有把 ESP 中的"学术英语"再细分为"通用学术英语"和"专用学术英语"的理由如下：

1. 理论上缺乏依据

国内学者把学术英语（EAP）分为通用学术英语（EGAP）和专用学术英语（ESAP）。其根据是国际上颇有争议的"ESP 语言共核理论"。该理论的倡导者认为"在不同学科中使用的语言具有共同的推理和解释过程，存在一种既有科学性但又不属于任何专门学科的语言共核"。他们主张打破专业界限，以 ESP 交际的一般规则和通用技巧为主要授课内容。反对"ESP 语言共核理论"的学者则强调，即使是报告、讲座等常见体裁在不同学科环境下也具有显著的表达差异，因此提倡更有专业性、针对性的 ESP 教学。而学者海兰德利用语料库数据最终证明后一种观点是正确的。各个专业都有自己独特的知识体系和专业术语。即使一个"共核词汇"，在不同的专业中，其词义也大不相同。所以我们认为，各学科共有的"ESP 语言共核"实际上是不存在的。如果存在，它和"通用英语"的分界线又在哪里？"通用英语"和"专门用途英语"之间的分界线都难以把握，正如安东尼所言："很明显，通用英语与专门用途英语之间的界线变得非常模糊。然而，可以推断专门用途英语的教学中更多关注的是需求分析。"那么，"通用学术英语"和"专用学术英语"之间的分界线就更难辨析了。

"通用学术英语"侧重各学科英语中共性的东西，即培养学生在专业学习和研究中所需要的学术英语口语交流能力和学术英语书面交流能力；"专用学术英语"侧重特定学科（如医学、法律、工程等学科）的词汇语法、语篇体裁及工作场所英语交流策略和技能的培养。根据"通用学术英语"和"专用学术英语"的定义并着眼于大学英语教学，我们认为，把"通用学术英语"归属于"通用英语"，因为"通用英语"已经包括了"通用学术英语"的内容；把"专用学术英语"归属于"专业英语"，因为任何一门专业英语课程都是从易到难、从简单到复杂、从初级到高级循序渐进的。而且，一般的专业英语教材也会介绍本专业英语的词汇、语法、语篇等特点。

2. 实践上难以操作

即使"学术英语"分为"通用学术英语"和"专用学术英语"在理论上是存在的，在实际教学中也是难以操作的。有些学者明确表示，大学里的 ESP 教学主要是"学术英语（EAP）"。而"学术英语"教学主要指"通用学术英语（EGAP）"，即培养学生学术英语交流能力，如用英语听讲座和记笔记的能力，搜索和阅读文献的能力，撰写文献综述、摘要和小论文的能力，以及表达信息的陈述演示能力等。由此推理，大学英语教学的主要内容是"通用学术英语"，而不是"专用学术英语"。那么，是不是学习了"通用学术英语"之后，学生就可以阅读专业英语了？如果不行，我们是否还要给学生开设"专用学术英语"？在课程设置上搞两个学术英语：学术英语1（通用学术英语）和学术英语2（专用学术英语）？显然这是很难操作的。即使著名英语教育专家文秋芳也回避了这个问题，她在《大学英语中通用英语与专用英语之争：问题与对策》一文中说，本节中所用"学术英语"等于《上海参考框架》中的"通用学术英语"，不包括"专用学术英语"。上文谈到，文秋芳对 ESP 的分类只到"学术英语"这一级，没有再细分为"通用学术英语"与"专用学术英语"。从大学英语教学的角度看，她这样做肯定是有其道理的。实际上，通用学术英语的教学内容完全可以融入通用英语教学。通用学术英语的"阅读学术文献能力"可以通过通用英语的阅读课来培养，通用学术英语的"撰写论文能力"可以通过通用英语的实用写作课来培养。

其实，在教学实践中是教授"通用学术英语"还是"专用学术英语"，是各国 EAP 实践者们长期争论不休的问题。乔丹本人1984年曾试图用经济学专业英语教材教授学生，但以失败告终。因为他发现这些 ESP 学员的专业知识虽然达到了一定的水平，但他们的英语水平却仍不高，从而影响了 EAP 教学。此外，EAP 课堂的学生通常来自不同的专业，任何一门专业的教材都很难适合所有学生的要求。

三、ESP 教学能否成为大学英语教学改革的方向

要回答 ESP 教学能否成为大学英语教学改革的方向这一问题，首先要明白 ESP 教学能否帮助我们实现大学英语的教学目标。那么，大学英语的教学目标是什么？

1999 年颁布的《教学大纲》指出，大学英语教学的目的是培养学生具有较强的阅读能力和一定的听、说、写、译能力，使他们能用英语交流信息。大学英语教学应帮助学生打下扎实的语言基础，掌握良好的语言学习方法，提高文化修养，以适应社会发展和经济建设的需要。

2007 年颁布的《大学英语课程要求》指出，大学英语的教学目标是培养学生的英语综合应用能力，特别是听说能力，使他们在今后学习、工作和社会交往中能用英语有效地进行交际，同时增强其自主学习能力，提高综合文化素养，以适应我国社会发展和国际交流的需要。

大学英语课程不仅是一门语言基础课程，也是拓宽知识、了解世界文化的素质教育课程，兼有工具性和人文性。工具性要求与专业相结合，培养学生专业英语的综合运用能力。人文性帮助学生了解西方文化，开阔视野，扩大知识面，加深对世界的了解，借鉴和吸收外国文化精华，提高文化素养。由此看来，大学英语教学有两大目标：(1)帮助学生打下扎实的语言基础，提高文化素养；(2)培养学生的英语综合应用能力，为社会发展和国际交流服务。第一个目标的实现有赖于通用英语教学，而第二个目标的实现有赖于专门用途英语教学。所以，我们认为大学英语教学改革的方向既不是通用英语，也不是专门用途英语，而是通用英语+专门用途英语。理由如下：

1. 专家们的意见

很多外语教育专家都认为，通用英语和专门用途英语是相辅相成、相得益彰的，共同构成大学英语教学的内容。EGP 教学是基础，ESP 教学是提高。只要打好了坚实的 EGP 基础，ESP 的学习效率就会大大提高。反之，如果通用

英语的基本功不过硬，只熟悉了一些专业术语，专门用途英语也很难学好。

章振邦认为："专业外语必须建立在普通外语的基础上，否则就会成为无源之水、无本之木。学好普通英语是掌握专业英语的必要条件。"熊德倪说："学习英语没有任何捷径可走，老想找捷径的人是永远学不好的，要想学好必须定下心来打一场持久战。不要忙于对口（学专业英语），如果基础没有打好，甚至还没有入门，想学好专业英语是绝对不可能的。"戚雨村指出："随着科技创新的深入开展和国际交流的日益频繁，科技人员参加国际学术会议，用英语撰写和宣读论文，到国外听课、讲课以及合作进行科学研究的机会不断增加，公共英语结合专业英语的势头是不可阻挡的。"卢思源说："ESP/EST 是一种应用英语，应该与'通用英语'享有同等的地位，并与之一起构成我国外语教学与研究的主流。"文秋芳说："笔者主张每所高校向学生提供包括通用英语与专用英语两个板块的大学英语教学体系。"

2. 有利于培养既懂专业又通外语的社会主义建设人才

EGP 教学是以教授一般语言技能为目的的课程。其目的是培养学生扎实的语言基本功，掌握英语的"语言共核"，为专业英语学习做准备，提升学生的人文素养，扩大学生的知识面，帮助学生树立正确的人生观和价值观。而 ESP 教学则是使学习者在某一专业或职业上使英语知识和技能实现专门化的应用性课程。将专业知识学习与语言技能训练融为一体，具有较强的针对性和实用性，有助于培养学生的英语综合应用能力，尤其是在自己的专业领域用英语进行交际的能力。ESP 与 EGP 并非相对立的两个部分，而是紧密相连的，ESP 培养学生的学术素养，EGP 培养学生的人文素养。在整个英语教育体系中它们是为同一个教学目标而构建的两个层面，是一个语言连续体的两端。事实上，两者都具有词汇、句法、语篇等层次上的语言共核部分。两者在时间上有先后，在内容上却相互融合。所以，大学外语教学只有把 ESP 教学和 EGP 教学有机地结合起来，才能培养出大批既懂专业又通外语的社会主义建设人才。

3. 有利于纠正大学生人文素质下降的趋势

当今科学技术的发展越来越迅速，专业分工越来越细，尤其是进入网络时代,知识和资讯极速增长,客观上要求人才要从"广而泛"转向"专而精"。从国家和社会发展层面看,中国的建设与发展任务十分艰巨,亟须大批各行各业的专业人才,以服务于富国强民的国家战略。所以,我国高校自1999年实行扩招,希望培养更多的人才为国家的经济建设服务。此后,高等教育逐渐从原来的"精英教育"转变为今天的"大众教育"。"大众教育"需要紧密结合社会实践和市场需求。所以很多高校都是以市场为导向培养学生,只注重专业性学习,希望学生在较短的时间内习得具有胜任力的专业知识,忽视通识教育,导致学生的人文素质下降。要纠正大学生人文素质下降的趋势,作为高等教育重要组成部分的大学英语教育必须融合EGP教学和ESP教学。两者在培养人才方面发挥着不同的、不可替代的作用。

上文指出,ESP课程注重培养学生的工具性,而EGP课程注重培养学生的人文性。EGP教育本身不是一个实用性、专业性、职业性的教育。从功利主义的角度看,EGP教育除了考试,似乎一无用处。然而,EGP教育却恰恰体现了罗素"从无用的知识与无私的爱的结合中更能生出智慧"的论断。EGP教育不仅是一种培养学生英语语言基本功的教育,正如上海交通大学徐飞所言:"它更是一种人本教育,它会使人活得更明白、更高贵、更有尊严,强调培养的是全人而不是工具人、手段人,旨在引导学生形成正确的世界观、人生观、价值观。"所以,EGP教学有利于纠正大学生人文素质下降这一趋势。

新一轮大学英语教学改革在培养学生的口语交际能力方面取得了一定的成就,但同时也忽视了对学生在专业领域里英语应用能力的培养。正如蔡基刚所言:"2004年和2007年的《大学英语课程教学要求》简直是大倒退,专业英语几乎没有位置。"所以,这场改革受到不少学者的批评。这些学者倡导用ESP教学代替大学英语教学。但矫枉不能过正,本节在分析、研究、总结学者们相关研究成果的基础上,进一步探讨了ESP教学与大学英语教学的关系,论证了我国大学英语教学改革的方向。笔者认为,用ESP教学完全代替大学英语教学是不合适的。我国大学英语教学改革的方向应该是通用英语(EGP)+专门用途英语(ESP)。

第四节　大学英语教学改革的趋势

最近，关于大学英语教学的走向，到底是继续通用英语的教学还是进行所称的学术英语教学？两种观点激烈碰撞，甚至出现了某种教学"必然消亡"，或者将某种教学比喻成"大学英语掘墓人"等现象，让广大大学英语教师深感不安、不知所措。那么，大学英语究竟怎么了？大学英语教学改革究竟走到了何处？现在又将怎么继续下去？

大学英语教学的现状需要辩证地看待。黄源深等著名教授在各种场合不止一次说道："高考恢复以来的大学英语教学取得的成绩是辉煌的，我国三十几年对外改革开放成功的背后实际上还站着无数辛勤耕耘在各类高校的大学英语教师！'文化大革命'后，百废待兴，如果没有他们默默无闻地从 ABC 起步教会了一批又一批懂英语的各类人才，打开国门改革开放，走向世界都将是一句空话！"

在成绩面前，也应看到目前大学英语确有许多不尽如人意的地方，也正是为了大学英语教学的可持续发展，我们需要改变这些地方。归纳而言，目前对于大学英语教学，存在着所谓的"五不满意"说。

其一，学生不满意。曾报道过这样一位学生：他拿着一本厚厚的英语练习题册来问其中的一道选择题。告诉他答案应该是 A，他答道："不对啊，老师，书后答案是 B，仔细看题应该是 A。"那学生第二天过来说："答案应该是 A，是我故意说 B 的。"问其原因，原来是他对现在一味地应试做题的大学英语教学很失望，他故意这样来考验老师，想说明光靠做题学英语是没用的，在这个过程中，他也碰到有教师真的改口说："噢，我看错了，答案是 B。"看得出，这位学生对大学英语教学很不满，且有一定代表性。

其二，领导不满意。在所有高校课程中，大学英语是学分最多、时间最长的课程之一，但英语学习效率却最低。

其三，用人单位不满意。不少都是近10年或20年在高校学习过英语的大学生，他们一边参加培训，一边在感叹当年没有学好英语，空有了一张四、六级证书。许多公司也在伤脑筋，要出高价给他们的员工补习英语，感到很无奈。可见，一线用人单位对大学英语教学也不满意。

其四，大学英语教师自己不满意。

其五，学生家长也不满意，他们把孩子送到港澳地区，或者送出国门的一个重要原因，是想让孩子在学习专业的同时，可以学习英语。这不能不说是大学英语教学的失败。

有此五不满意，大学英语教学真是到了非改革不可的地步了。

一、教育信息化趋势下的大学英语教学改革

经过近年来的发展，教育信息化已在国内高等教育界掀起了教育变革的浪潮，并必将使教育教学理念、教学方式方法、教学资源配置、教学管理体制等方面产生剧烈的变革，推动高等教育的重塑。席卷全球的"慕课"、国家精品开放课程、"微课"等，都是对传统高等教育的冲击和挑战，基于网络平台的优质学术资源可方便地传播和共享，促进了教育公平及教育均衡发展，降低了教育时代的"马太效应"。

那么，如何把握教育信息化趋势下的大学英语教学改革，是我们亟待思考的问题。

（一）信息化趋势下的大学英语教学改革

随着信息化在全球范围内的迅速扩展，以及信息技术在教育领域的广泛应用，教育信息化已经成为教育发展过程中的一场深刻变革。

从教育教学过程来看，教育信息化在高等教育方面主要推动了以下方面的变革：

一是信息技术的支撑。信息技术在教学过程的融入，让教学的方式方法发生了深刻的变革，如多媒体教学、网络教学、数字化教学等多样化的教学方式

的出现，使信息化成为高等教育育人过程的基本条件。

二是教育理念的创新。信息化推动了教学模式和方式方法的改革，对整体的教育教学过程都产生了深刻的影响，比如课程组织、管理方式、评价体制、激励机制等方面都需要重新架构。

三是实现教育的个性化。信息技术在教育领域的介入和信息化教学平台的应用，使传统的难以实现的教学管理组织和要求成为现实。面对知识水平参差不齐的学习对象，大学可以通过信息化手段实现学生学习层次的分类，进而开展个性化、模块化教学。

高等教育教学信息化是教育信息化工作的核心，是关系到高等学校教育教学改革的关键环节，促进高校信息技术与教育教学的深度融合已成为现阶段教学改革的主要趋势。

这一趋势下的主要工作就是围绕应用信息技术手段创新人才培养模式和课程教学模式，研究建立信息化教学中针对学生的学习评价机制和针对教师的教学评价与激励机制，以及推动高校基于信息技术的"跨校选课、学分互认"、课程共享机制建设和激励优质课程资源共享等。从外部环境来看，经济社会发展对大学的人才培养需求和学生的个性化学习要求，使高等院校必须在当下着力把握教育信息化趋势下的大学英语教学改革，顺势而动、大胆探索，从基于信息化环境的校内公共课程内容建设、教学模式建设、评价机制建设等方面入手，结合教学实际打造适合自身的信息化教学新模式。

（二）教育信息化趋势下大学英语教学模式发展及现状分析

1. 大学英语教学模式发展

在教育信息化的推动下，大学英语教学改革也进行了努力创新与尝试，基本的教学模式主要经历了计算机辅助大学英语教学、网络架构的大学英语自主学习平台、信息技术与大学英语课程深度融合三个发展阶段。

（1）计算机辅助大学英语教学

现代信息技术的发展为大学英语的教学改革提供了良好的契机。如今几乎所有的高校都基本实现了计算机辅助教学，计算机辅助教学强调计算机是教学的"辅助工具"，虽然能将课堂内容通过多样化的内容展示出来，但学生仍被认为是知识的灌输对象，是被动的接受者，教学内容也往往不离教材。这种教学模式将多媒体教学引入英语课堂，改变了过去教师加黑板的传统单一的课堂教学模式。从本质上讲，该教学模式在大学英语教学方面并未能发挥显著的效果，也和以往的教学模式大同小异，并且单一的"填鸭式"教学模式已经完全不能满足现代教育及社会的需求。

（2）网络架构的大学英语自主学习平台

近年来，许多学者强调将建构主义理论运用于高等教育，建构主义理论认为知识不是通过教师或外界传授得到的，而是在一定的情境下，借助其他人（教师或学习伙伴）的帮助，利用学习资料，由学习者自己完成对知识的构建。它认为教师和学习者同等重要，同时肯定教师的主导作用和学习者的主体地位。

基于建构主义理论，网络架构的自主学习平台逐渐成熟并走进高校。此类平台要有一定的硬件作为基础，由资源库、学习平台、学习工具、考试测评、讨论区等模块组成。这种学习模式似乎颠覆了传统的教学模式，突出了学生的主体地位，学生由被动的"接受者"变成了学习旅程的"掌控者"。

但同时也不能忽视教师在学生自主学习过程中的引导和监督作用。首先，平台有一定的课程设置，学生必须在完成基础学习并通过测评后才能进入更高一阶的学习；其次，平台有一定的自动监控设置，如学习满4分钟才能开始测试、5分钟没有学习状态、计时会停止等，防止学生刷课的现象；同时，学生可组成不受地理位置限制的小组共同讨论并完成学习任务；最重要的是教师可进入教师平台，掌握学生的学习情况，并根据每个学生的不同情况，下达下一部分的学习任务，处理学生在学习过程中出现的问题，并可公开辅导、解答共性问题。同时还可统计评估整个年级学生的学习数据，作为进一步深入学习的依据。

这种自主学习模式通过构建特定的学习环境，学生根据自己的特点和学习兴趣主动地选择学习时间、学习方法，组织学习过程，提高英语听说及运用能力，这种自主学习方式是以"快乐学习、终身学习"为最终目标的。

（3）信息技术与大学英语课程教学深度融合

在如今信息量巨大、新技术不断涌现、科技日新月异的社会环境中，大学英语教学也在不断改革中完善并步入了信息技术与课程深度融合的阶段。基于互联网和校园网的多媒体教学模式强调个性化教学与自主学习，学生可根据教师的指导及自己的特点、水平、时间、学习方法等，通过自主学习室的学习软件和校园网大学英语教学平台中的"英语资源库系统"和"教学/学习管理系统"，实现非定时多地点的学习，即学生可以选择适合自己水平的学习内容、选择适合自己的学习时间，并根据自己的学习方法，在校内自主学习室、电子阅览室、图书馆或寝室随时随地进行学习，及时了解自己的学习情况，得到相关信息反馈，调整继续学习策略，达到最佳学习效果。在教学应用方面，部分课程真正利用网络教学辅助平台，构建了网上学习、课堂讨论、社会实践三位一体的信息技术与教学深度融合模式。

2. 大学英语教学改革现状

英语语言素质是人才培养国际化的必然要求。近年来，国内大学按照教育部最新的《大学英语教学基本要求》开展了不同程度的改革，亦初步取得了一些改革成效。但是随着高等教育办学的日益开放、人才素质要求的提升及"互联网+"对传统教育形态的颠覆，大学英语已有的教学模式尚存在一些深层次的矛盾，如分级分类教学的改革深度不够、四级后教学模式的钝化、个性化教学的缺乏等。

从国内大多数高等院校大学英语改革现状来看，分级分类教学在传统教学模式中占有主导地位。然而分级分类的缺陷是改革的深度还不够，这种教学组织方式只是按高考分数高低和专业差别进行粗略划分和开展教学。如西北大学作为一所地方综合性大学，学科门类齐全，生源遍布全国各地。为了改革试点成果具有代表性、客观性、有效性及可行性，便于将来在全校全面推广实施。经过论证后的实施方案是在不同层次（普通本科、基地班）、不同学科（文、理、工）四个院系（法学院、信息学院、化学材料与科学学院和地质系）进行改革试点，学生共约300人，从2004级大学一年级开始试点。从实验结果来看，传统教学模式下的分级分类教学依然不能调动教师教学与学生学习两方面的主动性，而且不同专业的差别较大。

四级后教学问题也是当前大学英语教学长期困惑的改革瓶颈，是现有教学模式所解决不了的。大学英语第四学期（"四级"后）教学存在的问题是：通过四级考试的学生学习动力不足，学生到课情况较差，由于未能建立相应的考核机制，教师对学生缺乏教学过程的约束力。这个问题影响了正常的教学秩序，同时也是长期困扰大学英语任课教师的问题，在一定程度上挫伤了教师的教学热情和积极性。同时，面临大学生出国留学、学习深造、创新创业等方面的迫切需求，现阶段的大学英语教学没有从根本上实现个性化教学，课堂教学依然是以大班教学为主、以教师为中心，并没有实现学生学习的个性化定制。

基于现有教学模式和教学过程中的这些深层次问题，需要考虑如何把握信息化趋势和"互联网+"的改革态势，做好面向大学生的大学英语教学改革，即如何把学生分层次、设计灵活的学习机制、实现学生的个性化学习需求等。

（三）基于信息化的分层次教学模式改革

1. 大学英语分层次教学模式构建

大学英语分层次教学在国内高等教育领域已有一定的理论与实践基础，如今已成为大学英语教学改革的主要趋势。分层次教学是被很多大学实践的新大学英语教学模式，只是各个高校的分层模型不尽相同。最初采用的是按照学生入学成绩分层，并且大多采用流动层级的教学模式，即入学成绩高的采用高阶教学，其余则次之，同时根据本阶段的考核结果决定下一学习阶段的学习层次。这样的分层教学模式给学生造成了一定的负面心理影响，尤其是被分到"条件较差"班级的学生会产生一定的抵触情绪，不利于教学的进行和人才的培养。

近年来，随着高等教育的快速发展和大学英语分层次教学模式改革的日益深入，单纯以高考入学成绩分层的教学模式已经不能满足社会需求和学生自主学习要求，大学英语教学逐步考虑从多方面、多角度因素对大学英语进行分层。主要有以下几个方面：一是不同学科专业对英语的要求程度不同；二是不同专业学生将来就业后所从事的行业对英语的需求不同；三是学生基于自身兴趣对英语的爱好程度不同。现有研究与实践表明,考虑以上诸多因素的英语分层次教学能有效减少英语教学的盲目性,提高教学效率,节约教学资源,调动师生的教学积极性,对培养国际化的高素质创新人才具有与时俱进的重要作用。

根据教育部《大学英语课程教学要求》,大学阶段的英语教学分为一般要求、较高要求和更高要求三个层次。分层次教学就是根据学生的英语基础、学习能力、兴趣特点、专业方向及将来有可能从事的行业要求等因素,设计不同的教学目标、制定教学方法,有针对性地对不同层次学生进行相应的学习指导,使每个学生在英语学习方面都能达到最佳效果。在我国古代,就是所谓的"因材施教",而今则是在"因材施教"的基础上,同时关注社会对人才的个性化需求。

2.信息化与分层次教学改革实践

在教育信息技术推动的变革浪潮下,结合我国大学英语重要转型的契机,应试教育应向多样化应用型教育转化,基础英语教学将向专门用途英语(ESP)转移,为更好地拓展专业知识做好准备。大学英语分层次教学模式改革具备了深度蜕变的改革要素。针对学生的个性化培养和个性化需求,如何建立信息化平台的大学英语分层模型标准变得尤为重要。西北大学结合已有的教学改革经验,围绕"模型构建—平台搭建—兴趣驱动"的改革理念,逐步推进大学英语分层次教学模式改革。

为适应社会经济发展对人才培养工作的要求,逐步建立与研究型大学相适应的本科人才培养体系,培养具有国际视野的高素质创新人才,学校出台了《西北大学关于修订本科人才培养方案和指导性教学计划的意见》。新方案提出了《大学英语分层次改革方案》,着眼于有所创新和突破,使大学英语课程具有更大的灵活性、选择性和开放性。大学英语教学在注重打好学生语言基础、培养学生英语综合应用能力的基础上,提高学生的综合素质,成为具有国际视野的高素质创新型本科人才。现阶段,西北大学新的本科人才培养方案已于2014年全面施行。大学英语教学主要在通修课程的基础上,强化应用性课程,同时结合网络自主学习,将课程分为通修课程、高阶课程、特色课程三种类型,推动大学英语教学和学生学习的个性化发展学校将大学英语分为四个层次,其中层次一、二为全校必修课，层次三、四是各专业根据需要任选模块，分为高阶课程和应用课程，包括报刊选读、影视欣赏、演讲与辩论、英美政治文化、托福、雅思等，可在全校范围内选修。

为更好地支持大学英语分层次教学改革，学校注重资源共享，着力搭建了"教学资源平台"。通过有效整合各类电子图书资源、名师教学视频、教师备课资源等，搭建了包括视频课程、电子书、学术视频、文档资料等内容的教学资源共享平台。一方面，依托平台有力支持课程的网站建设、在线课程教学、过程分析统计、研究性教学、碎片化学习等，推进了课程信息化教学改革；另一方面，通过技术开发，实现了平台与校园网门户教务管理系统的无缝对接，为师生即时登录开展自主学习提供了便利。同时，学校正在加快筹建人文社科慕课中心，通过坚持"全面统筹、集中建设、订单开发"的原则，建成符合学校人文社科类课程教学需求和满足学生多元化学习的课程资源平台，解决课程资源共享和多样化人才培养的要求。下一步将加大投入力度，引导与推动不同层次课程与教学团队加快慕课课程开发与建设，用于课程教学实践。这些课程将遵循"以生为主、以师为导"的新型教学理念，要求教师变"教学"为"导学"，引导学生变"听学"为"研学"。加快从"以教为中心向以学为中心""知识传授为主向能力培养为主""课堂学习为主向多种学习方式"的转变，着力培养学生的学习主动性、能动性、独立性，提高学生的创新素质与创造潜能。结合传统大学英语课堂教学的优势，促进师生之间的学习互动，实现教育教学过程线上线下的有机互补。

在全球化趋势下，各国都十分重视信息技术在高等教育领域的应用。教育信息化的发展，已在教育理念、教学方式方法等方面产生了深刻影响，实现并重构着高等教育的开放式发展。大学英语教学改革经过了21世纪以来的不断创新，已经为各学科专业人才素质的整体提升和实际应用做出了巨大的努力，并且朝着更加科学化、系统化的方向发展。但从高等教育国际化需求和互联网发展趋势来看，我国的大学英语教学改革和教育信息化发展程度仍有较大的融合空间，还有一些关键环节亟待解决。例如，优质师资的有限性和高校其他办学条件滞后于培养规模的扩张;基于网络的大学英语学习平台需要一定的软硬件环境,如何合理配置计算机、学生、教师、实验人员等,使有限的资源得到充分利用,需要在实践中不断调整创新。

同时,师生的计算机技术培训也必不可少。现如今网络覆盖日趋扩大,尤其是智能手机终端的海量增加已经基本实现了"泛在学习环境",把握新形势下大学英语教学改革,刻不容缓。

二、从需求角度看大学英语教学改革的趋势

需求可分为社会需求和个人需求,前者主要指社会和用人单位对有关人员外语能力的需求,后者指学生目前的实际水平与希望达到的水平之间的差距。在外语教学领域,需求分析是语言课程设计和实施不可或缺的启动步骤,"至少有四大重要作用:①为制定外语教育政策和设置外语课程提供依据;②为外语课程的内容、设计和实施提供依据;③为外语教学目的和教学方法的确定提供依据;④为现有外语课程的检查和评估提供参考"。因此,从需求角度进行大学英语教学改革是必要的。

(一)需求现状

改革开放以来,我国的大学英语教学在几代人的努力下取得了巨大的成就,培养了大批有专业技能且懂外语的复合型人才,促进了我国改革开放和对外交流。但随着我国改革开放的深入和世界经济大融合的进一步推进,我国大学英语教学与需求之间的差距进一步加大。

1. 社会需求

(1)高端外语人才严重缺乏

目前,我国约有3亿人在学英语,其中大、中、小学学习英语的人数超过一亿。有专家预测:再过几年我国学英语的人数将超过以英语为母语的国家的总人数。尽管我国有数亿人学英语,但同声传译和书面翻译等高端外语人才仍然严重缺乏。全国各地人才市场频频告急,即使是北京、上海这些高级人才较为集中的

地区也难以幸免。

（2）懂专业又能熟练使用外语的"双料"人才走俏

外语作为一种交流工具，显然比其他专业具有更广泛的适用范围。但由于长期以来受重文史、轻科技的外语教育的影响，外语人才难以满足当前经济科技等各项事业迅猛发展的需求。现在，我国懂外语的人很多，但由于英语专业人才缺乏相应专业知识或技能背景，因此难以胜任大量工作，机械、化学、工艺、软件等专业的技术工程师本身就十分紧缺，懂外语的就更稀有了。因此，想找到符合企业要求的、既具备专业知识又能熟练使用外语的工程技术人才是很难的。

2. 个人需求

据调查，在语言学习方面，当前学生渴望形式多样的语言输入，渴望真实、实用、有时代感的学习内容。他们期望提高英语学习能力和用英语交流的实际能力，希望英语学习能满足自己提高文化素养和专业水平的需要。但实际教学中，为了完成教学任务，教师的教学常常拘泥于教材内容，有的教师以教材、教学课件作为教学内容，在课堂上"照本宣科"，导致教学只是教教材。

据一项全国的英语教学满意度调查发现：学生认为自己进入大学后英语水平没有提高和有所下降的占到62%（其中有些下降的竟然占到36.5%），对大学英语教学勉强满意和不满意的占到54%，认为需要学的东西没学到的占到50.7%。再次调查时，在回答"比较四年前刚入校时现在的英语水平如何"的问题时，认为有提高和有些提高的占到55.7%，基本没有提高和有些下降的为44.4%（其中有些下降的占到21.1%），回答对大学英语教学基本满意和比较满意的占47.4%，而勉强满意和不满意的占到52.6%。

以上数据虽然令人震惊，但它说明了当前我国大学英语教学的现状：教学脱离了社会发展的需要，甚至是不能满足学生自身学习的要求。

（二）原因分析

引起我国大学英语教学"滞后"的原因是复杂的，主要有以下几点：

1.大学英语基础教育的定位在某种程度上使教学脱离了社会的需要

现代社会对外语人才的要求是既懂专业又能熟练使用外语，但受大学英语教学语言基础定位的影响（1985—1986年和1999年的两份《大学英语教学大纲》分别规定了我国大学英语教学的重点和目标是语言基础），长期以来，我们的大学英语和中、小学英语教学一样，一直在打基础而迟迟不能与专业挂钩，导致有的大学生毕业时连最基本的专业术语都不会说，这样的学生毕业后怎能胜任需要专业英语的工作岗位呢？由此可见，"只注重普通英语教学而忽视专业英语教学在某种程度上制约了我国大学英语的发展"。

2.应试教育违背了语言习得和学习规律

目前，我国的英语教学不是为了学以致用，而是围绕考试进行，导致学生的英语学习仅仅是为学校考试、四、六级考试，甚至是为雅思、托福出国等考试而置社会需要和专业需要于不顾。

由于应试教育不能提供足够的言语输入，也不利于激发学生的学习动力，所以不能有效提高学生的语言运用能力。目前我国的英语教学模式可以说是违背语言习得和学习规律，而不能有效提高学生的语言运用能力，因此，必然也必须进行改革。

（三）改革的趋势

在我国，英语教学是基础教育，基础教育必须满足国家和个人争取发展的实际需要。因此，大学英语必然要继续改革。2007年正式颁布的《大学英语课程教学要求》（以下简称《课程要求》）提出培养学生的英语综合应用能力并明确要求各高等学校"应参照《课程要求》并根据本校的实际情况，制定科学、系统、个性化的大学英语教学大纲，指导本校的大学英语教学方式"。这为各高校在进行改革时发挥主观能动性提供了空间。

目前，全国各高等院校正在开展大学英语教学的改革，要设计出基于本校的科学的、系统的和个性化的大学英语教学大纲和实施方案，首要任务是了解学习者、教师、社会等各方面对大学英语教学的需求。

因此，为了适应各方面的需求，大学英语教学改革的趋势如下：

1. 逐步下移大学英语基础教育重心，整体考虑我国英语教学体系

我国的大学英语教学是以基础英语为导向的，虽经前后三次的改革，但都在能力培养的层次或次序上进行变化和调整，也就是说，始终没有在英语使用上有新的突破。由于高中英语和大学英语在培养目标、课程设置和教学要求诸方面都基本接近，所以随着高中新课标的贯彻和中小学英语教学质量的提高，大学英语和高中英语的界限也在逐渐模糊。

据统计，到2009年全国已有20个省实施高中英语新课改，"新英语教材的词汇量都有了大幅增加，学生在高中毕业时掌握的单词必须达到3500个，直逼大学四级英语水平"。显然，在未来一段时间里，《课程要求》所规定的大学生必须达到的一般要求的学习任务将有望在高中里大部分完成或全部完成。这样，从小学到高中，通过12年的英语教学，学生在高中毕业时打下较为扎实和全面的英语基础，尤其是在听、说等基本技能方面要有重大突破。进入大学的学生不必再花两年甚至更多的时间学习"基础英语"，可以直接过渡到专业英语的学习，或只需对他们稍加训练，即可转入同时提高外语应用技能和实际国际交流能力的学习和训练。大学英语教学的基本框架将有实质变化，从而为决策者实现从整体上考虑我国英语教学体系的目标奠定基础。

2. 英语教学同专业结合，走专业化发展道路

目前，我国的大学英语处于高中英语和英语专业的双重夹击这样一种尴尬的境地。一方面，现阶段大学英语学科发展的空间受到局限；另一方面，社会对专业人才英语水平的需求不断高涨。在这种形势下，大学英语同专业结合、走专业化发展道路不仅满足了社会需求，同时也为自己找到了新的、顺应社会发展的时代方向。

中学培养基本外语能力、高校结合专业进行提高，是我国未来大学英语教学改革的方向。事实上，大学英语教学把重点转移到专业英语上并不妨碍打基础，相反还会从应用的角度巩固和完善基础，真正体现"用中学"。

3.淡化应试教育、建设多元化、多层次的大学英语课程体系

我国幅员辽阔，各地区、各高校之间情况差异较大，大学英语教学应贯彻分类指导、因材施教的原则，以适应个性化教学的实际需要。但现行的大学英语课程设置难以贯彻因材施教的原则，难以调动学生的积极性。虽然有的高校采取了分级教学，但仍然没有从根本上摆脱大学英语课程"综合性"的桎梏。因此，在新的形势下，开展个性化和多元化的教学模式，贯彻分类指导的教学原则已成为当前我国大学英语教学改革的新方向。

三、科学的大学英语教学改革观

教育部提出坚持科学的大学英语教学改革观。王才仁在上海外语教育出版社组织的一次大学英语研讨会上传达了这一观点。

那么，什么才是"科学的"的大学英语教学观？可以从四方面来认识：认清大学英语课程的性质；明确大学英语教学的真实需求；加强师资队伍建设；建立科学的大学英语教学评估体系。重点是前两点，尤其在于第二点。

（一）认清大学英语课程的性质

科学的大学英语教学观，首先是要认清大学英语课程的性质。

教育部颁发的《大学英语课程教学要求》是目前官方对大学英语课程最全面、最权威的文件，2004年首次公布，2007年修改。对大学英语课程的性质，2007版如此描述：大学英语教学是高等教育的一个有机组成部分，大学英语课程是大学生的一门必修的基础课程；大学英语是以外语教学理论为指导，以英语语言知识与应用技能、跨文化交际和学习策略为主要内容，并集多种教学模式和教学手段为一体的教学体系。

这里有几个关键点：①高等教育的有机组成部分，说明大学英语不是可有可无的；②三项主要教学内容：英语语言知识与应用技能，跨文化交际，学习策略；③教学体系：大学英语不是单纯的由每周若干课时组成的一门课，而是由综合英语类、语言技能类、语言应用类、语言文化类和专业英语类等必修课

程和选修课程有机结合的一个教学体系，自然也包括教学手段在内。

需要特别指出的是，2007年版与2004年版在大学英语课程性质方面基本上没什么大的修改，最重要、最醒目的修改是2007年版明确表示：大学英语课程兼有工具性和人文性。

王才仁在大学英语研讨会上解释"工具性"是要求与专业相结合。因为大学英语作为非外语专业培养方案课程体系中的一门课，应该为专业服务，才不枉各专业将其列在培养方案中，且在专业课时十分紧张的情况下占用约10%的学时比例。"人文性"是指作为现代大学生，外语（尤其是国际公认的英语）能力是能力结构和知识结构中不可或缺的成分，是帮助学生理解西方文化、世界文化，进行跨文化交际所必需。

（二）明确大学英语教学的真实需求

性质得以明确，还要了解需求。这是一个被长期忽视的问题，一般认为已经解决了；或者说是教学主管部门根据自己的判断，给大学英语设想了一个需求。束定芳曾这样描述人们对大学英语课程目标的理解：让学生学点英语而已，大学英语教学的管理就是看学生四、六级考试的通过率。实际上，前面所述的"五不满意"，归根到底就是对大学英语课程的需求不清楚，从而导致所有相关人士都觉得自己想要的没能实现，因而不满。

2007年版官方认定的需求是：培养学生的英语综合应用能力，特别是听说能力，使他们在今后学习、工作和社会交往中能用英语有效地进行交际，同时增强其自主学习能力，提高综合文化素养，以适应我国社会发展和国际交流的需要。

1.学习英语是交际需要，而且是学习、工作、社会交往三方面的交际需要。工作需要又与专业有关，后文要专门谈这个问题。"学习交际需要"是2007年版新加上去的，是面对现实的正确表述。据统计，大学毕业生就业后真正需要英语的不到50%，在社交中需要英语的比例更低，但继续学习需求却随着国际交流需求提高而日益明显。

2. 增强自主学习能力的需要。大学英语毕竟只是一门课程，课时有限。英语学习不可能完全靠课堂教学来完成，课堂只能起到引领作用，所谓"师父领进门，修行在个人"。因此培养学生自主学习能力确实也是一种实实在在的需求。

3. 提高综合文化素质需求。这一说法相对抽象些。因为不学英语，文化素质也是可以提高的。

综上，学习、工作、社会交往三方面需求，似乎很清楚，但实际上很模糊。学习需求，是什么样的学习需求？在大学英语教学中如何满足这种继续学习的需求？最近不断被讨论的学术英语，旨在帮助学生具有专业学习能力。但问题依然存在，大学英语学习更适合通用英语还是学术英语、通识英语还是专业英语？是关注个性化学习需求还是专业学习需求？

过去，教学改革的重点为以听说为先，似乎是为社会交往所需。但对于工作需求，我们的大学英语教学管理者、教师，甚至学生自己也很难真正知道学生今后工作中会有什么样的英语需求。

上海电力学院的余樟亚老师曾做过一个行业英语需求调研，很有启发性。调研发现，作为行业特色比较明显的高校，上海电力学院每年平均有30%左右的学生进入电力系统，其中有的专业可达到80%以上，但是这些进入系统的学生所学的英语却无法满足行业需要。可见需求调研是必需的。通过网络查阅发现，此类需求分析的文章不少，但大多是关于对需求分析理论（特别是国外研究成果）的引介和阐述、重要性的强调、需求分析方法的介绍以及用需求分析理论评述某些英语课程等方面。极少数的需求调研实例，也主要集中在对英语学习者自身感受到的需求，以及毕业生就业到岗后对英语需求的主观感受上，而完全基于具体行业对英语的客观需求调研实例几乎没有。然而，不了解行业英语需求，来谈为社会交际、为工作需要进行英语教学就成了无源之水。

该调研针对电力能源行业对英语的需求状况，包括下列三类信息：①行业岗位招聘对英语的需求；②行业岗位工作对英语的需求；③行业岗位培训对英语的需求。这三类信息实际上包含了从"进入行业—岗位工作—业内提高"整个行业活动过程中对英语能力的目标情景需求，可以为大学英语教学改革带来启示。

调研发现，就岗位招聘英语需求而言，国内电力能源行业岗位招聘均对英语有一定要求，其中有引进设备和涉外项目的企业对英语要求更高。事实上，电力能源行业在招聘时对英语的需求，在其他行业也程度不同存在。另外，就岗位能力英语需求而言，调研的相关大型电力能源企业员工岗位能力结构对外语（主要是英语）有明确要求。调研报告中具体规定了与各岗位相对应的9级外语要求，其"员工岗位能力结构外语能力等级表"对英语能力描述的详细程度甚至不亚于学校的教学大纲。

最低的外语1级的要求是：粗浅地掌握一门外语，能借助词典或其他工具大致读懂简单的专业文档；能看懂本岗位常用进口设备上外文铭牌和操作指示。

外语5级的要求是：能独立阅读外语文档，参阅国外专业资料；能翻译本专业的技术资料、专业说明书；能用外语进行简单交流；至少独立完整地翻译过一套设备的技术文档与说明书。

最高的外语9级要求是：精通一门外语，能与外籍专家讨论艰深的专业问题，并自由地表达思想；能在同行会议中充当翻译；能够应对纯外语工作环境；在无翻译的情况下至少技术性出访一次；至少独立进行过一次技术性谈判和参与过一次技术性交流会议。

此外，对岗位英语培训需求，全国电力能源企业都在开展各种类型、各个层次的外语培训活动，一方面是为了适应电力能源系统对外语人才不断提高的需求，培养员工具备对外交流能力，能够承担对外服务任务及对外进行技术与学术交流，重点提高学员对行业英语的听说、阅读、翻译、写作能力，这些任务实际上如果大学英语采用一些行业英语语料也是可以承担的。另一方面，企业对员工的英语培训也是弥补员工在学校期间英语学习的不足（尤其是听力与口语）。

该调研得出的几个相关结论：

（1）国家大学英语四级考试依然是用人单位招聘时采用的决定性依据；

（2）特殊岗位需求仅靠基础英语教学远远不够；

（3）行业岗位英语要求描述可以作为大学英语教学内容的重要参考；

（4）在现阶段，听、说、读、写、译基本技能训练依然是大学英语所需要的；

（5）从员工自身发展角度补充实用性英语教学内容。

总体而言，鉴于不同学校、不同行业背景及其不同需求，同时考虑到不同学生的实际英语水平，认为在目前一段时间内，大学英语教学尚不宜用 ESP 取代 EGP，但改革"一刀切"的大学英语教学及"四、六级考试"导向下的纯通用英语的教学内容，从 EGP 向 ESP 逐渐过渡或将成为大学英语教学改革的一种趋势。

（三）加强师资队伍建设

若上述基于需求分析的这种趋势判断是正确的，大学英语教学改革的第三个要点便是师资队伍建设，这是成败的关键。自从改革开放以来，大学外语教学的成绩不可否认，这要归功于在一线辛勤教学的广大外语教师。当历史发展对大学英语教学提出新的要求，同样要靠教师来完成这一使命。

目前来看，大学英语师资队伍建设面临不少棘手的问题。首先，大学英语教师的学科归属问题。夏纪梅撰文指出："由于多方面的原因，大学英语无论是课程建设还是教师发展，都脱离了学科建设，这在高等院校里是很难体面地生存的。由此而产生的校本认同、学者认同及学生认同问题接踵而至，不是被学术边缘化，就是被学科看不起。从事这门课程教学的教师始终有低人一等、无学科依托、学术身份不明、不知如何发展的问题。"改变这种局面应该成为大学英语教学改革的一部分，甚至是先决条件，因为没有了大学英语教学改革的主体——大学英语教师的积极性，教学改革就难以进行。

其次，大学英语师资队伍建设涉及团队和个体两个层面。团队层面主要是优化结构。目前各高校大学英语师资队伍均普遍存在学历层次不高、职称层次不高、女教师（尤其是 40 岁以下女教师）比例过高等情况。该如何进行优化？很多专家提出了很好的建议。王才仁从顶层设计，统筹规划；开发课程，建设小组；按需进入，微调到位；提升学历，不失时机这四个方面开出改善大学英语师资团队结构的处方，具有较强的指导作用。

关于大学英语师资队伍个体层面的建设，高等学校大学外语教学指导委员会进行过一项"大学英语教师的职业发展现状及其影响因素分析"，结果发现，现在有4种类型的大学英语教师："探索者""奋斗者""安于现状者"和"消沉者"。这实际上关系到教师的职业责任意识及个人奋斗意识。我们应该创造条件鼓励"探索者"和"奋斗者"，激励"安于现状者"和"消沉者"。

（四）建立科学的大学英语教学评估体系

任何教学都可以进行效果评估。最近对大学英语四、六级考试的取舍有各种不同的声音，在此判断：不会取消，但会改革。据说大学英语教学综合评估体系会是：1+N。这里的1代表全国大学英语四、六级考试，N则是各类专项英语考试。显然，这将会改变一考独大的局面，体现王才仁在研讨会上所说的：评估主体多元化，评估内容多类型，评估手段多样化。

大学英语教学的现状是不尽如人意的，但改革的趋势很明确：教育部要求在以往大学英语课程要求基础上，制定新的大学英语教学指南。新的指南明确大学英语课程的服务意识是：服务于学校的办学目标，服务于院系专业需要，服务于学生个体发展需要。很明显，这里特别强调的是大学英语教学必须满足的三类服务需求。可以预计，一个全新的、更加注重实际需求的大学英语教学体系会产生，并将在教学实践中不断得以完善。我们应该为能成为这一体系建设中的一员感到骄傲，并承担一份责任！

第四章 大学英语教学模式改革的策略

第一节 教学模式及其演变

一、模式与教学模式的含义

1. 模式的含义

模式的词源意义是事物或行为活动的范本和标准样式。将模式定义为"依据实践活动及其思想与理论指导，表达事物或行为过程的一种模型或范式"。模式是一种模型。若把客观现实中事物的存在、运动及其联系称为现实原型，模型则是为了特定的目的对现实原型的一种简缩、概括、提炼的模拟。这种模拟不是简单的复制，而是要抽取本质，摒弃表象，保留其根本属性，且高于现实，并具有同类问题或现象的一般特点，是对客观事物与系统内部结构、关系和法则的再现。因此，一般可把模型理解为对研究对象的状态、结构、属性特征及其变化规律的概括、简化、抽象及本质的表示。模型既反映问题的本质，又高于客观事物而具有同类问题的一般特点。

模式也是一种范式。范式是现代哲学中的重要概念，是一个科学群体普遍认同并运用的，由世界观、智信系统及一系列概念、方法和原理组成的体系。人们总是依循范式来定义和研究问题。随着人们对研究对象与范式的认识的不断深化，新的理论和方法将不断出现，这样就会萌生新的范式，旧的范式则被取代，新理论将伴随着范式的发展而问世。

模式源于现实，但又能指导现实。从一定意义上讲，当把解决某类问题的方法上升成理论，就形成了模式。因此，模式是一种理论，经高度概括后，又以简约明了的方式表达出来，成为解决某一类问题的方法论。

2. 教学模式的含义

关于教学模式，学者们一直未形成共识。有学者认为，"教学模式是人们为了特定的认识目的对教学活动的结构所做的类比的简略的假定的表达"；有学者认为，"教学模式是在教学实践基础上建立起来的一整套组织、设计和调控教学活动的方法论体系，它由教育（哲学）主题、功能目标、结构程序及操作要领构成"；有学者认为，"所谓教学模式，是指在一定的教育思想的指导下，为完成特定的教学目标和内容而围绕某一主题形成的稳定且简明的教学结构理论模型及其具体的、可操作的实践活动方式"；还有学者认为，"所谓教学模式，是指在一定的教育思想、教学理论、学习理论的指导下的教学活动进程的稳定的结构形式"。

从归纳角度讲，教学模式是从各学科、各种教学方式中概括、抽象出来的带有普遍意义的标准样式；从演绎角度讲，教学模式是模式在教育领域的教学活动中的应用。一般来讲，教学模式是在一定的教学思想、教学理论的指导下，基于教学活动并在一定环境下，围绕特定教学目标而形成的具有相对稳定结构的、理论化的教学模型或范式。教学思想与教学理论是教学模式存在的基础，决定了教学活动的目的，驾驭着教学的过程与方式，控制着教学要素的有机联系，指引着教学资料的组织，安排着教学环节的承接，制约着教学策略的选择，引导着教学设计的思路；相对稳定结构指教学结构中教师、学生、教材、教学媒体等基本要素的结构及其相互依存、相互作用方式的不变性，教学过程中各环节、阶段、步骤、程序间的相互联系方式的不变性，教学活动中教学目标、教学内容、教学方法、教学手段的相互组合方式的不变性，可操作的实践方式及相应的策略的不变性；理论化指的是对教学实践经验的加工、筛选、总结、概括和升华，从中抽象出一般形态，反映了教学模式既属于理论范畴又属于实践层面，是将教学从实践层面上升到理论层面的中介环节，是联系教学思想与教学实践的纽带与桥梁，是两者的密切结合与高度统一，反映着教学活动赖以存在的理论基础与各个环节之间的内在联系。

从教学的实践角度看，教学模式是教学过程中各教学阶段采用的具有内在联系的不同教学方法综合构成的严密系统，方法的集成构成了模式，模式决定了具体方法的运用，并揭示了与教学活动相适应的教学策略。但教学模式毕竟不同于教学策略，两者相比较，"策略"是行动的指导方针和工作的方式、方法。教学策略是教师在教学活动中为完成教学的目标和任务，所采取的用以指导教学行为的教学设计、实施措施与操作方式，是具体的操作过程与形态，规定了教学参与者在教学活动中的角色及其相互关系，偏重于教学活动的内容和技术因素决定的行为规则，"具有指导性、灵活性、最优化等特征"。教学模式反映的是在给定的条件下，按照一定的目的，影响和改变系统行为特性的思路与方式，是对复杂的教学组织方式的简约表示，反映了教学的客观规律性，偏重于由行为主体的目标、价值观决定的行为规则，在教学活动中具有相对的稳定性、动态性、整体性、概括性与综合性等特征。当模式达到最佳效果时，则实现了模式的优化。教学策略一旦被纳入教学模式的范畴，它就成为有效推动相应的教学模式运行的教学操作指南，有效地引导着教学的过程，转变教学的观念，影响教学的效果与质量。

二、教学模式的特征

教学模式的形成能够在一定程度、一定层次上解决教学过程中的诸多问题与矛盾，达到揭示教学规律，实现教学目标，优化教学程序，完成教学理论与实践的结合，反映教学活动进程中教学要素的动态和整体、综合性质，因而呈现出一些共有的特点。

1. 多样性

用不同的教育思想、不同的认知理论、不同的学习理论及对非认知心理作用的不同观点，受不同流派的影响或由于对理论的不同的理解与运用，就相应地形成众多不同的教学模式，构成了教学模式的多样性。而不同教学模式的静态结构中有不同的要素，同样具备多样性。

2. 可操作性

从操作层面看，教学模式是教学环节的连接，是教学步骤与方式的集合，能够动态反映教学活动的有序性，但也可根据教学的需要对教学环节进行适当安排和灵活掌控。因此，当教学环节按不同时序出现时，就构成了不同的教学程序。可操作性包括操作技能与技巧，是教学理论的具体体现，是教学理论与教学实践之间的桥梁，教学模式具有示范作用，可被模仿，可被普遍运用于教学实践。

3. 开放性

教学模式不是一个封闭的系统，而是一个不断完善的、复杂的、动态的开放系统，开放性使教学模式不断地得以完善与创新。教学观念的更新、教学理论的发展、教学实践的深化等，都会使教学模式日臻完善直至推陈出新。

4. 稳定性

从结构层面透视，教学模式有完整的结构与机制，是教学系统整体性能的体现，在空间上表现为多种要素的相互作用方式，各种教学要素之间在教学活动进程中依附于某种教育思想和教学理论，因而具有相对的稳定性。

5. 针对性

教学模式都有一定的适用范围与运作条件，有自身的作用与功能。超越教学模式的应用范畴或缺失条件则难以实现预期的效果，这说明任何教学模式均具有局限性。

6. 策略性

教学模式与教学实践相比，具有理论性与抽象性，需要将其转化为教学策略与方法，才能用于教学实践。策略与方法的多样性、灵活性和创新性，给教学模式注入了活力。

7.个性化

教学模式要体现教学的个性化与创造性,这是教学模式进入更高层次的表现。模式离开了个性与创造性就会变得僵化而流于形式,但个性不能脱离模式而独立存在,模式与个性的融合统一,能够使模式的作用发挥到极致,甚至能创造出新的模式。

三、教学模式的构成与类别

1.教学模式的构成

(1)教学思想与教学理论

前面已有论及,它为教学模式提供了哲学、教育学、心理学、技术学和文化背景等方面的理论渊源,具有体现时代精神、引导教学方向、决定教学目的、指导教学设计、控制教学环节、驾驭教学方式的功效。先进的教学思想与教学理论在教学改革中能够发挥定位、导航和调控的作用。

(2)特定目标

它是教学模式赖以存在的根本原因,做任何事情都应有一个特定的目标,其他一切都要为这个特定目标服务。因此,它是教学模式中的核心要素,对其他因素起着引领与制约的作用。

(3)教学环境

教学环境包括情境和资源,是基于教学创设的物质和心理的认知空间,浸润了文化意蕴,镶嵌了学科知识,决定着教学模式的类型,是教学资源、观念、方法、想象、活动、师生关系等各种支持性条件的综合体现。通过教学环境赋予的外在特征,经过综合、概括和分析,认识事物的内在本质和规律,发展抽象思维。因此,教学环境能够强化感受,培养兴趣,启迪智慧,是教学模式重要的构成要素,是获取知识和增强能力的重要手段。

(4)结构

教学模式的结构主要指促使教学模式发挥功能的教师、学生、内容、媒体及技术、策略、方法、时间、空间等各种条件的组合表达形式，是从静态的角度体现某种教学理论的教学活动所必须具有的基本操作要素。

（5）操作程序

操作程序指特定的教学活动步骤和过程的操作顺序，类似程序设计中的算法，可根据实际的教学情境而灵活变通，实质在于处理好教学内容在时间序列上的实施。通常所说的水无常形、教无定法，反映了教学活动的丰富多彩。结构为静、程序为动，教学模式呈现出静动结合的形态。

2. 教学模式的类型

由于教学模式受教学思想与教学理论的制约，故不同的教学思想和教学理论及其对理论的不同理解或不同流派，均会产生不同的教学模式；组成模型结构的各要素的地位与作用的不同，也会产生不同的教学模式；教育目标的不同、科技水平的不同、生产力的差异、社会的需求、研究视角的不同，都对应着不同的教学模式；而不同的学科理论也会形成不同的教学模式类别。因此，教学模式具有复杂性与多样性。

（1）基于学习理论的教学模式

学习理论有行为主义、认知主义、建构主义、人本主义学习理论等典型理论，这些理论是从教学的不同方面、不同层次上对学习进行研究的，本质上并不矛盾，是相互补充的对立统一体。其中，以美国乔伊斯等人对该模式的分类最为经典，他们将教学模式分为以掌握知识和发展认知为目标的信息加工族类，以社会品质培养为目标的社会互动族类，以情感、意志、心理健康为目标的个性族类，以行为训练为目标的行为修正族类以及诸如归纳思维、科学探究、集思广益等20多种具体模式。

（2）基于教学论的教学模式

教学主体与教学客体是教学论中的根本问题，学界有单主体、双主体、主导主体等不同的观点。教师和学生在教学过程中构成矛盾的对立统一体。由于矛盾的主要方面的变化，使师生的地位与作用、教与学的方式与重心也会有所不同,在师生地位、作用和关系方面,引申出问答模式、授课模式、自学模式、合作模式和研究模式五种类型。上述教学模式各有其动态过程与特点,其师生地位的转换依次呈现出教师的主导作用逐渐减弱、学生的主体性逐渐增强的态势。

(3)基于教育哲学的教学模式

教学模式的差别本质上是一种文化差别。基于文化差异,从认识论角度看,可将其分为客观主义与建构主义两种教学模式;从价值观角度看,呈现个体主义与集体主义两种教学模式。上述模式可两两组合成个体主义—客观主义、个体主义—建构主义、集体主义—客观主义、集体主义—建构主义四种模式。一般而言,带个人主义倾向的教学模式有利于培养学生的自主意识和个人创造性;带集体主义倾向的教学模式有利于培养学生的群体意识和合作能力;带客观主义倾向的教学模式有利于基础知识的学习与提高教学的效率,有利于知识的继承与培养聚合型思维能力;带建构主义倾向的教学模式大多采用发现式和讨论式两种教学形式,有利于学生探索复杂和未知的问题,有利于培养学生的发散思维与创新能力。

(4)基于教学活动的性质和组织形式的教学模式

可将其分为个体—接受、个体—探究、群体—接收、群体—探究四种模式。这种分类基于客观主义的认识观,其理论基础是建构主义学习理论。现代教学的价值取向已从传统的客观主义转向建构主义学习理论。

(5)基于教学角色地位的教学模式

从教师与学生两个角色的作用与地位的差异,可将其分为"以教师为中心"和"以学生为中心"两种教学模式。以教师为中心的教学模式的优点是能够充分发挥教师的主导作用,有利于教师对课堂教学的组织、管理与控制;该模式的缺陷是忽视了学生的主体地位,学生处于被动接受的地位,缺乏学习的主动性和创造性,不利于创新人才的培养。以学生为中心的教学模式,是随着多媒体和网络技术的日益普及逐渐发展起来的。该模式有利于激发学生的学习兴趣和进行协商会话、协作学习，有利于情境创设和知识的获取，有利于学生的主动发现和主动探索，有利于建立新旧知识之间的联系，从而促进学生认知结构的形成与发展。

四、教学模式的演变

任何模式都在不断地发展和创新，教学模式也在不断地推陈出新、发展演变，以体现时代的特征与要求。模式的演变反映出社会与科学的发展，是科学进步的必然产物，也是推动科学进步的动力。

教学模式与社会发展、科技、生产力水平相适应，因此它是时代的产物。农耕时代由于受生产力水平的限制，教学模式是耳提面命式的个别传授，通过口述并展示实物使受教育者理解与模仿；工业化社会要求教育要大规模、标准化的培养劳动者，以适应社会化大生产的需要，教学模式以灌输式为主；信息社会和知识经济时代，在高新技术的支持下，教学模式以探究式为主。可见科学技术制约着教学模式的发展与迁移。

传统教学模式以知识灌输为主，教师是教学活动的控制者，学生是知识的被动接受者。该模式忽视了学习者的主体地位，不利于培养学生的创造性思维。近半个世纪以来，新的教学思想不断涌现，使国内外教学模式呈现异彩纷呈的繁荣局面，产生了如愉快教学模式、活动教学模式、自学辅导教学模式、探究研讨教学模式、主体性教学模式、反思性教学模式等反映素质教育理念的模式。与传统的教学模式相比，素质教育教学模式则有利于学生进行创造性学习，体现了教师为主导、学生为主体、注重培养创新能力的时代价值取向，也极大地丰富与发展了教学的理论与实践。我国的教育专家何克抗教授提倡的"寻找一种既能发挥教师的主导作用又能充分体现学生主体地位的以自主、探究、合作为特征的教与学方式"的教学模式，代表了素质教育类教学模式的发展方向。而现代教育技术的应用为新型教育模式的建构提供了坚实的支撑，是创新教学模式的切入点与突破口，对教学模式的变革起着决定性的作用。

当一个新的教学模式开始萌生时，其理论体系与内容一时尚不易清晰可识，只呈现出一种轮廓，随着其在实践中的应用，不断吸收现有知识与智慧的营养而逐步完善，再经概括、综合和升华而成为新模式。人们在研究、借鉴与运用新的教学模式时，一般要经过"广泛学习—个别模仿—灵活运用—创造性发展"这样几个阶段。正因为如此，教学模式的普及与应用过程，也是教学模式的发展与演变过程。

第二节　高校英语教学模式的改革策略

一、传统英语教学模式

传统模式的大学英语教学束缚了学生学习潜能的发挥，这种模式的特征表现在以下几个方面：

①教学环境和学习环境单调、呆板，教学过程程式化、填鸭式教学严重；②以教师为中心；③学习成绩与考试与四、六级考试挂钩，侧重阅读，忽视口语；④将语言拆分成零散的语法、词汇、惯用语等语言点进行分析、对比；⑤忽视课外学习内容和活动的安排；⑥教师与学生交流少。由以上的分析不难看出大学英语教学的各种模式已滞后于现代社会发展的需要，改革势在必行。大学英语教学界对教学模式转轨达成了以下五方面的共识：

①转变教学指导思想，从知识型教学转向技能型，由知识为本转向技能为本；②确立新型英语教学目标，改革教学效果的评价体系，真正做到以考查交际能力为目的；③改革教学方法，从重"教"转向重"学"，培养学生良好的学习策略；④教学手段多样化，由"书本+黑板"型转向多媒体教学；⑤扩大教学视野，由"语言技能"提升至"跨文化交际"。

二、大学英语教学模式的改革策略

1. 坚持用英语组织教学的模式

大学英语是一门实践性很强的课程，用英语组织教学是实践性的具体表现，它的特殊性在于英语既是教学的对象，又是教学的手段，它有利于将教师的教直接转化为学生的练。外语教学的目的不是为了向学生介绍有关外语的知识，而是要培养学生实际运用和驾驭语言的能力。迈克尔·韦斯特指出："语言教师最大的缺点和最流行的通病是讲得太多。他们试图以教代学，结果是学生什么也学不到。"叶斯帕森说："教好外语的首要条件看来是更多地让学生接触外语和使用外语。"的确，坚持用英语组织教学是精讲多练、学以致用的最佳途径，经常性地输入有利于学生将来的输出。从心理学的角度来看，经常性的复现，是克服遗忘现象最有效的办法。同时，用英语组织教学是英语学习良好精神风貌和成就感的保障。另外，语言是思维的工具，人类的思维方式、思维过程、思维结果都必然要在语言中反映出来。

2. 以学生为中心的教学模式

传统教学模式以教为中心，重视教法，忽视学法，而以学生为中心的教学模式与传统的教学模式截然相反，它主张挖掘学生自身的已掌握的知识和学习经验，使教学内容更加切合实际，也更容易被学生所深切地感知，学生的需要成为一切教学活动的源泉。教师如何引导学生掌握有效的学习策略，充分吸收语言输入，是以学生为中心教学模式的关键。以学生为中心，学生要担当起输入信息的主要任务，从而保证所学内容的关联性。以学生为中心的大学英语教学模式并不否定教师的主导作用，而是要求他们改变以讲授为主的满堂灌的教学模式，从原来的传授者变为身兼多重角色：教师是学生语言实践活动的鼓励者和合作者，教师应积极、真诚地投入课堂活动，贡献自己的想法和意见，或者根据自己的经历和体会给出一些良好的建议；教师是学习策略的培训者，为学生找到适合个人特点的学习方法；教师是帮助者和资源，教师给予学生及时的帮助使教学活动更加有效；教师是整个教学活动成果的检测者，为学生的进步提供必要的反馈，尤其是在语法和测试等活动中，教师的这种作用显得尤为突出和必要。教师的这种主导作用体现在教师的合理引导，而不是保姆式的全程服务。以学生为中心的教学模式的优点是一目了然的：学生的潜力可以得到充分的发挥；教师和学生能够不断地进行需求分析；课程资源可以得到有效的开发；学生在有效的实践中逐步培养英语的交际能力；学生之间互教互纠、交流学习经验成为可能；良好的师生关系、良好的学风、良好的精神风貌将英语学习导入良性循环。

3.任务型教学模式

教育部制定的《英语课程标准》明确指出，教师应该避免单纯传授语言知识，要尽量采用"任务形"教学法。任务型语言教学所追求的是语言习得所需要的理想状态，即大量的语言输入与输出，语言的真实使用，学习者的内在动机。任务型语言教学可以最大限度地激发学生的学习动机。任务型教学模式一般分为三个阶段：任务前，教师介绍本课的主题，然后学习者进行活动。这些活动可以帮助他们回忆在进行主要活动时所需要的单词和短语，也可以学习一些对进行该任务很重要的新单词和短语。任务中，学习者一对一或分小组进行活动（通常是阅读或听力练习或是解决问题的练习），然后向全班同学汇报他们是如何完成任务的、他们的结论是什么，最后他们以口头或书面形式把发现介绍给全班同学。任务后，把重点放在语言上。强调任务中的一些特殊的语言形式并进行练习，并就学习者在上一个阶段的表现给予反馈。成功的任务设计应达到：使学生学会用所学的语言进行交流；能使学生在课堂内演练生活真实交际时所需要的语言技能；能激活学生心理和心理语言学的学习过程，使学生的心理压力降到最低限度；最大限度地发挥他们的学习积极性，让学生对自己的错误持积极的态度，明白犯错误是正常语言学习过程中必然经历的阶段。在语言的使用方面，采用各种各样的任务，可以使学生有机综合运用他们所学的语言，在交流中学会交际。这种交流使学生把注意力集中在语言表达的意义上，以运用语言和完成任务为最终目标，从而降低了他们的心理压力。这个阶段的语言活动通常可以在小组或结对练习中完成。应体现以下特点：贴近生活的语言使用环境；交际的双方之间有信息差；解决实际问题，发挥学生的自主性或创造性。任务型教学法是一种值得推崇的、有利于发挥大学教师和学生创造能力的新型教学法，在大学英语教学中的实施可帮助学生培养在真实环境中综合应用英语的能力，"用看得见的方式体会自己的进步"。学生在完成任务时是为了交际而运用语言，不是为了学习语言用法而运用语言，学生的注意力在语言意义而不是语言形式上。

4. 文化导入的教学模式

我国的外语教学在很长一段时间内把主要精力集中在语言知识的传授上，而对社会文化因素却视而不见。由于忽视了语言使用与文化因素的相互作用，大部分学生尽管语法知识掌握得很好，词汇量也很大，但严重缺乏得体使用语言进行交际的能力，学生往往把本民族文化内容盲目地套用到外语交际中去，以至闹出笑话，这种语用失误的例子可以说俯拾皆是。拜拉姆提出："语言学习者不可能一下子摆脱自己固有的文化而轻而易举地获得另一种文化。"语言既是信息的载体，又是文化的载体。语言与文化是不可分的，语言背景、情景、内容都离不开文化，语言交际能力不仅包括语言能力，还包括对社会文化方方面面的了解。教师在传授语言知识的同时也传递了各方面的知识。因而，外语教学一方面是在语言中教文化，另一方面又是在文化中教语言。文化导入的教学模式旨在通过课堂教学提高、培养语用意识和跨文化意识。在文化导入的教学模式下，语言教学和文化背景知识教学同时并举、相得益彰，教师结合教材内容，有计划、有步骤地向学生介绍英语国家的文化背景知识，这些背景知识涉及政治、经济、历史、地理、教育、文艺、宗教信仰、社会制度、生活方式、风土民情、社会传统、民族习俗等方方面面，对于存在文化差异之处有意选择语用难点进行讨论，让学生有机会观察两种文化的共性和差异，逐渐培养学生对其差异的敏感性。

5. 多媒体教学模式

传统的大学英语教学模式局限于教师的传授，教学手段单调，一本书、一支粉笔的教学使得学生在被动接受教师灌输的过程中兴味索然。多媒体教学模式能够利用计算机和多媒体课件创造优化的学习环境、良好的教学情景,在这种模式下,教师得以生动形象地将历史事件、人物、地点呈现给学生,图文并茂,画面动感,易于给学生留下深刻的印象,学习内容易记难忘,不容易产生乏味感。听、说、读、写、译等各种技能的训练有机协调于同一时间段,真实的材料、真实或接近真实的场景、可反复使用、资源共享等特点保证了多媒体的教学效果和效率。相关调查表明,多媒体教学模式方便了学生课内课外语言输入,有利于强化语言学习过程,如果将多媒体教学与交际法教学结合起来,效果更佳。这种模式的课堂教学设计包括问题导入、进入课文、演练、讨论总结和结束五个部分。课堂教学以学生为中心,围绕学生展开活动,尽力营造有利于交际的语言环境,激发学生的想象和创新。教师在教学的五个步骤中保证学生充分的活动时间和空间,以突破课文的难点,突出重点,渗透素质教育内容。问题导入体现真实性原则,联系学生熟知的物、事展开话题。进入课文部分,引导学生了解课文涉及的文化背景,使用多媒体软件的课文讲解部分,做到图文并茂、形象生动,其中穿插学生朗读、师生问答、同学之间问答,用问题引发课堂讨论。然后是处理难句和篇章的分析和翻译、重点生词和短语的学习。演练部分主要是通过表演运用所学词语及短语的表达方式以达到消化、巩固的目的。

大学英语教学各种模式之间是有机协调统一的,为了取得改革的理想效果,我们需要对教师、教材、教学理念、教学手段等加以通盘考虑,在具体的实施中对参与教学的各种因素进行整合。这其中大学英语教师素质的提高无疑是改革的重中之重。改革绝非是一个蓝图,而是一段旅程。因此,大学英语教学模式的改革依然任重而道远。

第三节 高校英语"分级制"教学模式现状及优化策略

我国的经济存在着传统的二元结构,城乡之间及地域之间的差异造成了教育水平的不均衡。由于中学时期英语教学质量的不同,高校中来自不同地区的学生英语基础和能力也参差不齐。班级制的授课模式难以照顾到学生的个体差异，削弱了教学效果。鉴于此，很多高校开始推行尊重个体差异的大学英语分级教学，使英语基础较扎实的学生优势得到进一步提升，也使英语能力相对较弱的学生得到更切实有效的教育。

高校虽然积极推行了英语课程的分级教学制度，但是，由于教学水平及评价体系等问题，造成了对英语课程分级教学的研究成果较少，教学体系也有待健全的问题。所以，分析高校大学英语分级教学现状，对其操作模式和具体流程进行研究，具有重要的现实意义。

一、高校英语"分级制"问题分析

（一）师生认识问题

一些高校的不少师生片面地将实施英语分级教学的目的看作应试教育方式的另一种形式，即提高英语等级考试通过率，将英语分级的A、B、C级等同于好班、中班及差班。在这种思想认识的影响下，英语教师的身份依然是知识的简单传递者，没有将教学重点聚焦于学生的能力发展、专业需要和个性区别上，也没能深入分析教材，更缺乏对学生开展自主学习的指导。一些被分到较低级别的学生甚至在情绪上出现抵触现象，认为这样做是"好教师去教好学生，差教师去教差学生"，从而对教师和学校丧失了信任，极大地影响了英语教学的效果。

（二）学生心理问题

本科高校的生源个体之间英语基础差异较大，对英语的学习抱有的心理期望也各不相同。有的学生对英语课存在畏难情绪，而另一些学生则渴望在英语上取得明显的进步。假如这些学生被分到较"低"的级别，对其学习的信心和勇气是一大打击。在分级教学的背景下，教师更倾向于关注某个级别的学生是否能够高效、快速地在短期提高英语水平，却忽略了学生的心理波动，没有给予学生足够的情感关怀，容易导致"低级别"学生的自尊心和学习积极性受到损害。

（三）教材选择问题

虽然英语分级教学已经在一定的范围内得到实施，但是相应的教材建设却远远没有跟上。目前我国高校的英语教材选择范围很宽泛，然而这些教材有一个共同的弱点：不具备层次性与针对性，重视读写能力而忽视听说能力，并不适合英语分级教学模式。不少高校至今仍然为所有级别的学生订制了相同的教材，只是在知识点讲解和进度安排上体现出差异而已，这就导致教材在用于教学之前首先要根据学生情况进行内容的增减。高校往往难以在短期内编写出适合自身情况的高水准教材，因此针对英语分级教学的教材建设刻不容缓。

（四）师资队伍问题

教育部对普通高校师生比的合格线规定是1∶18。随着近年来高校的学生数量激增，师生比值早已经越过了这一合格线，所配置的英语教师的师生比更是如此。另外，高校英语教师的学历也不容乐观，这都对高校英语教学水平的提升造成掣肘。英语的分级教学模式将学生分成不同的级别，同一级别之内又有班级之分，因此班级容量往往很小，在师资数量欠缺的情况下，不少教师跨班授课，负担较重，没有过多的时间用于提升自身专业水平和进行教学研究。

（五）管理体制问题

高校实施英语分级教学模式是一项复杂的系统工程，对学校的教学管理提出了很高的要求。首先，分级制教学使原本存在的行政班级体系被重新划分，同一年级和专业的学生不再集中教学，这就需要建立更加高效有序的学生管理体系和教学管理体系。此外，在课程安排上，其他专业课程的排课与英语分级教学排课由于不处于同一维度而容易产生时间、空间上的交叉和冲突，师生带来不便。另外，在级别较低的学生能力获得提升之后，如何根据学生个人愿望和实际情况，使其顺利进入高一级别，也是教学管理部门需要面对的一个问题。这都要求高校在教学管理的水准和效率方面继续加大力度。

二、高校英语"分级制"教学的优化策略

（一）对教学分级方式进行优化

在对学生进行分级时，应该充分体现学生的主体作用，对学生的学习层次和个体差异进行充分的了解，使分级科学化、合理化。首先，要对学生给予充分的尊重，将更多的自主权赋予学生，以学生的英语实际水平作为分级参考依据，使学生了解每个级别的教学内容和教学目标，从而在自愿的基础上进行自我定位，这也可以避免级别较低的学生产生消极心理。其次，要注重分级的灵活机动性，分级并不是"终身制"的，要给学生选择、调整和改变的机会。再次，要充分考虑到学生个体的学习进步和能力提高，引入动态的分级方式，以月度或者学期为调整周期，允许学生实现层级的流动。最后，教师应该消除对不同级别的学生产生的偏见，在鼓励高级别学生的同时，对低级别的学生一视同仁，充分发挥其特长与优势，使其树立学好英语课程的信心，从而取得进步。

（二）对英语教学内容进行优化

1. 课程设置的优化

高校应该以各个级别学生的英语水平为基准，结合英语教学目标，合理进行英语课程安排。分级以后，可以将课程设置划分为两个递进的层次：必修课程层次和选修课程层次。必修课程安排在高校学生入学后的第一、第二学年，讲授内容主要涵盖英语基础课程，包括精读、听说、写作、翻译等，每学期进行期末考试；必修课程层次考试成绩优秀者，可以进入下一个层次，即选修课程层次进行学习，这部分学生往往对英语有着浓厚的兴趣，基本功扎实。这一层次的教学安排在大学的三、四学年，结合学生的学习兴趣和具体专业，有针对性地开设诸如"商务英语""法律英语"等课程，使学生在掌握专业知识的同时，具备深厚的英语功底，向"复合型人才"的培养目标迈进。

2. 教学内容的优化

安排合理的教学内容也是实现分级教学目标的主要组成部分，各个级别的学生需要具有针对性的教材和教学内容。第一，要重点把握教材的核心内容，比如英语词汇中的"高频词"讲解等，还要注重语言教学的社会属性视角，以真实的材料构建动态的教学情境，使学生在掌握语言功能与形式的同时，增强自身运用语言的能力；第二，要注重筛选教材的相关内容，由于英语讲授不可能面面俱到，若想在有限的课时中最大限度地夯实学生的英语基础，就必须筛选和控制相关知识，避免过多的"百科全书"式的讲解，将有限的时间与精力放在学生的英语基础和技能训练上来；第三，要积极拓展教材的必要内容，这是指与大学生的专业素养和创新能力相关的教学内容，通过这类内容的教学，培养学生的英语习惯和英语思维，使其树立自主学习的理念，进而发展其学习情感，提升个人的思想品德。

（三）对英语教学方法进行优化

我国的高校英语授课大都采取传统的班级授课制，在分级教学的背景下，应该为不同级别的学生开发出不同的教学方法和教学体系。针对不同级别学生的基础层次，选取适合的教学方法，可以取得更明显的教学效果。

1. 采用自主学习模式

自主学习模式是指学生在教师的指导下，在总体学习目标的框架下，根据自身实际情况自由选择学习内容与方法的模式，有利于发展学生的主体性。英语课程的一大特点是实践性强，在教师的引导下，学生会逐渐将英语的学习变成自觉的行为。结合学生基础扎实、学习效率较高的特点，在对少量重点内容进行讲解的前提下，鼓励学生培养自己的自学能力，有利于学生最大限度发挥自身的潜能。

2. 采用合作学习模式

合作学习是在班级制授课中，将学生分为小组进行教与学的互动。合作学习的评价标准兼顾个人成绩与团体成绩。针对学生英语基础中等、学习方法和学习效率均在一般水平的情况，他们有比较强烈的追求成绩进步的愿望，但是缺乏恒心与毅力。他们对英语的基本知识已经掌握，却缺乏对其中更精深的知识的理解。因此采用合作学习模式，为其创造更多的英语实践机会，在与小组成员之间的沟通过程中使其智力因素与非智力因素都得到发展，并在巩固基础知识的基础上掌握新知识。

3. 采用讲授教学模式

针对英语底子薄、对英语课缺乏浓厚的兴趣、没有掌握恰当的学习方法、学习效率比较低的学生，对英语基础知识的巩固是当务之急。在讲授教学模式中，教师应注重使这部分学生尽快对英语课程的知识体系有一个清晰的把握，从而加快认知速度，扩大知识范围。需要注意的是，教师应该着力克服讲授教学模式的固有缺陷，即学生的"被动灌输"，要提高自身的课堂调控能力和教学材料组织技巧，使英语讲授的过程充满趣味性与实用性，增强教学效果。

（四）教学评价的优化

"教学评价是指依据一定的客观标准，以搜集相关信息为基础，运用科学的方法，对师生的教学活动及其效果进行价值判断的活动。"在高校英语课程实施分级教学的进程中，教学评价行为应该贯穿教学的全过程。在分级教学伊始，首先对学生进行的分级就属于对学生英语水平和能力的诊断性评价。这个阶段的评价行为可以使教师把握学生英语的实际水平与需求，确定学生的学习起点，将学生置于适合其实际情况的级别之中，使大学英语教学更具针对性。

具体的评价分为两大类，分别是形成性评价与终结性评价。在教学过程中进行的评价叫作形成性评价，形成性评价目的是针对学生的英语学习过程进行管理，及时得到学生的反馈信息，为教师改进教学提供依据，同时也为学生在层级之间的流动提供客观依据。在某一相对完整的教学阶段结束后，对分级的学生进行终结性评价，具体的做法是，对学生在学习期间具体学业表现进行评价，这个评价阶段可以采用教师评价学生、学生自身自评、学生与学生之间互评的模式。此外，还可参考领导评价、同行评价与学生评价来实现对教师教学行为的评价。

  本科院校应该结合自身的定位,充分考虑生源的差异性和大学英语课程教学目标,明确英语分级教学模式的原则与方法。通过设计合理的英语分级模式,为分级教学提供有效开展的具体思路,同时为其顺利付诸实践提供支持和保障。

第五章 大数据时代高校英语教学

第一节 大数据时代下高校英语教学改革

现阶段人类社会迎来了大数据时代，教育大数据的到来给目前高校英语教学造成了很大的冲击和影响，与此同时也给高校的英语教学带来了一定的机遇，因此高校英语教学应该顺应时代的发展，积极探索改革路径。教师可就大数据时代高校英语教学改革进行探析，先介绍大数据时代的特点，阐述教育大数据对高校英语教学的影响，然后提出大数据时代高校英语教学改革的有效途径。

近年来我国的信息技术在快速发展，互联网已经渗透各行各业，人们的生活、学习和工作已经离不开互联网，而互联网、物联网及社交网络的介入让数据的增长速度越来越快，大数据时代已经全面到来。在大数据时代下，人们的生活、社会文化和经济发展都受到了巨大的影响，充分挖掘和利用大数据是当前人们关注的热点问题。教育行业也是一样，在大数据时代背景下，教育行业也面临着改革。

随着信息产业和互联网的不断发展，各种数据的增长速度越来越快，人们的生活被各种数据充斥，海量的数据被充分挖掘和利用以促进各行各业的发展，其构成了大数据时代的要素。在大数据时代背景下，人们的思维方式和生活方式都发生了巨大的转变。大数据时代表现出其独有的特征，其具有更大的数据容量、更多的数据种类，并且数据的生成速度更加快速，往往在一瞬间就生成了大量的数据。大数据时代的数据价值密度更加分散，正是由于数据太过庞大，而其中具有重要价值数据所占的比例比较小，数据价值密度更加分散，这使人们对有价值的大数据挖掘和利用的难度也增加了。除此之外，大数据时代下，大数据的呈现方式为可视化，人们可以通过直观的方式来观看和掌握大数据的变化。大数据时代的这些特征转变了人们的生活方式和思维方式。大数据时代的数据非常庞大和繁多，整体大于离散，海量数据总体的特性要比离散的特性更大，并且各种数据混杂，人们要想掌握事物总体的发展趋势，就要接受混杂的数据信息，而非一味追求精确。大数据时代海量的数据在流通，人们更容易获取各种数据，这就为高校的英语教学提供了新的平台，在大数据时代背景下，高校应该正确使用这一平台来促进英语教学的改革。

一、教育大数据对高校英语教学的影响

教育大数据对高校的英语教学造成了强烈的冲击，成为高校英语教学改革的重要力量。从以往的高校英语教学来看，人们常常通过专家评判来判断一堂英语课的质量，从教师的课堂环节设计是否合理、各个环节之间的关联是否有逻辑性、教学活动的设计和教学目标是否契合、课堂上提出的问题是否有效等方面来评判一堂英语课是否成功。这种评判方式虽然看起来非常合理和科学，但是却缺乏对学生上课体验和感受的重视，一般是专家结合自己的经验来对学生的体验进行假想，总的来说忽视了学生的情感体验，而学生才是课堂的主体。要真正了解学生的听课效果，还是需要采用可靠的数据和技术来进行分析和评判。教育大数据时代的到来取代了专家的评课，其以实实在在的数据来对每一节课的质量进行分析，教师的每一堂课及学生的听课都会生成相关的数据，而通过对这些数据的分析，就能够了解教师的授课水平，也能够把握学生的听课效果，了解学生对课程的喜欢程度。大数据让学生的听课感受得到显现和量化，能够更加清晰地分析学生的课堂需求和对课程的学习态度，然后从学生的实际需求出发来对教学方式进行改革和创新，以取得更有效的教学效果。

二、大数据时代高校英语教学的改革途径

（一）将课上数据和课下数据融合来革新教学理念

大数据时代要想对高校的英语教学进行改革，首要的任务就是将课上的数据和课下的数据有效融合来对英语教学的教学理念和教学思维进行革新。课堂上教师的行为、语言及学生的动态行为等都可以转化为数据，而这些数据都可以利用起来，为教学改革提供参考。但是仅仅依靠课堂上学生的行为和语言往往难以准确、全面分析学生的成绩及对英语课程的态度，除此之外还要充分利用课下数据，加强对学生日常活动提供数据的分析。例如，可以搜集学生访问网络的数据分布来分析学生在线学习的行为，包括学生在课后是否会访问英语相关的学习网站、一般访问哪种类型的学习网站、在学习网站上停留的时间等，进行秒级采集，并对相关的数据进行分析，同时实现课堂上及课后数据的采集分析，对学生进行多角度和多层面的评估，以此来帮助教师更全面、准确地了解学生的喜好，把握学生的英语学习态度、英语学习兴趣以及英语学习风格等，为课堂教学活动的设计提供参考。

（二）实现教学资源的立体多元化转变

在传统的高校英语教学中，课堂教学内容主要以教材上的资源为主，教学资源比较单一，并且非常有限，英语教学倾向于各种机械训练，教师不注重学习资源输入的多样化。在这种教学模式下，学生的学习效果往往难以得到有效提升，学生的学习主动性受到打击，并且英语应用能力也难以得到显著提升。而在大数据时代背景下，教师可以充分利用网络上的各种数据和资源来丰富英语学习资源，使学生的英语学习资源多样化，拓展学生的视野，让学生多学习课本以外的知识，还能够有效激发学生的英语学习积极性，培养学生良好的英语学习兴趣。大数据时代，教师可以将大数据库中的影音、数据、图像等学习资源灵活巧妙地融入英语教学中，通过多样化的学习资源呈现方式来吸引学生的注意，激发学生的兴趣。总之，大数据时代让高校英语的教学资源更加丰富，

学生不仅能够从教材中学习到固定的资源，同时还能够利用互联网学习更多的英语国家本土文化，并且可以通过视频、音频、图片等多种方式获取资源，促进高校英语教学和社会的有效结合，以此来拓展学生的学习手段。

（三）实现多种教学模式的应用

在以往的高校英语教学中，教师一般采用传统教学模式来开展英语教学，教师在讲台上讲解相关的知识，学生在座位上听讲，这种教学模式存在着多种弊端。而大数据时代背景下出现了各种新的教学模式，包括翻转课堂、微课和慕课等，教师可以灵活地将多种教学模式应用到英语教学中，以此来改革英语教学模式，营造现代化的高校英语教学课堂。翻转课堂、微课和慕课是大数据变革教育的重要体现，这些教学平台可以通过海量的数据将学生集合在一个课堂上，促进师生之间及学生之间的有效互动，同时也能够实现学生和智能设备的互动。在大数据时代，高校英语教师应充分利用各种高效的技术手段和多种教学平台。从实际情况来看，使用大数据来支持多媒体教学的英语教学已经占据很大的比例，而充分利用大数据来开展英语教学能够吸引学生的注意，激发学生的兴趣，让学生对更具有活力和更新鲜的大数据支持下的教学模式保持高涨的热情，而这也是高校英语教学的重点内容。

高校英语教师应该学会利用各种教学工具和模式为自己的英语教学提供帮助。高校英语教学的目标只有一个，那就是要帮助学生熟练掌握英语这门语言。而要实现这个目标，教师必须利用一切可以利用的资源和教学工具，法无定法，目的只有一个，就是教会学生真正的英语本领。世界上最高的学问不是学问本身，而是使用学问的学问。教师要让学生充分认识到英语是一门实用性比较强的语言，必须在现实中经常使用，才能真正掌握这门语言。

（四）整合数据实现个性化教育

大数据时代，高校英语教师还可以整合相关大数据来实现对学生的个性化教育。在大数据的英语教学中，人们对每一个学生不再采用平均的标准来衡量，教师也不能简单地应用平均水准来教学，而是应该关注个体，实现教学个性化。

现有的高校英语教学中是以一个班级为单位来进行教学的，个体需要服从群体习惯采用平均数来教学。而大数据能够帮助教师了解学生更多、更准确的细节，将每一个学生的学习轨迹都记录下来，加强对每一个学生学习行为的分析，从而预测学生的学习难点，并针对个体提出对应的解决方案，这样就能够实现每一个学生的个性化学习，真正做到因材施教，确保每一个学生都能够得到提升和进步。

每个学生都具备自己独特的地方，高校英语教师应该充分发挥他们的特长。以前由于技术的限制，高校英语教师不能很好地实施自己的个性化教育和教学。大数据时代下，教师完全可以利用大数据的优势，发掘每一位学生的优势和不足，根据每一位学生的具体情况制定相应的个性化档案，确保每一位学生都能在自己原有的基础上取得属于自己的进步，而不是在课堂上浪费自己的时间，学习自己已经掌握的英语知识，那样的学习是没有效率可言的。

现阶段，人类社会已经迎来了大数据时代，教育大数据对高校英语教学带来了重大的影响，给高校英语教学改革提供了重要的途径。在大数据时代，应该充分挖掘并利用大数据，将课上数据和课下数据融合起来革新教学理念，并实现教学资源的立体多元化转变，不断丰富英语教学资源，将慕课、翻转课堂以及微课等基于大数据支持的教学模式灵活应用到英语教学中，丰富教学模式和教学手段，提高教学质量。除此之外，还可以整合各种数据来实现对学生的个性化教育，真正做到因材施教。

第二节 大数据时代下高校英语翻转课堂教学模式

大数据时代下信息技术迅猛发展，颠覆了传统的教学模式。通过互联网与精确化数据，课程改革与新技术不断寻求整合，产生了较好的教学效果。作为一种新兴的教学模式，高校英语翻转课堂教学具有独特的优势，同时运用过程中也显现出一些问题。本节基于大数据视角，阐述了高校英语翻转课堂模式及其特征，对比了翻转课堂模式融入高校英语教学的优缺点，以及线上网络学习资源现状和高校英语教师角色转变的问题，最后从学生、学校和教师三个角度探究了优化高校英语翻转课堂教学质量的对策与建议。

随着互联网的普及，智能化、数字化技术与教育领域深度融合，翻转课堂教学模式应运而生。作为一种新型的授课模式，翻转课堂在大学课堂教学中应用广泛。传统高校英语教学存在着不同程度的通病，导致学生学习积极性下降，往往费时低效，教学质量始终参差不齐，教学效果难以有重大进展和突破。在大数据时代背景下，翻转课堂符合时代特征和要求，教学资源更加丰富，分享机制日趋健全，尤其是在学校的大力支持下，以及成熟网络技术条件的保障下，能够充分赋予学生的学习自主权和探究权，凸显了双向性、民主性和交流性，带来了全新的教学体验，实现知识的全面内化。

一、大数据背景下高校英语教师转变角色的必要性

现阶段高校英语教师的教学定位。目前，大多数高校英语教师拥有课堂的绝对主导权，以教师直接讲授为主，学生处于被动的地位。作为教材的跟从者和演示者，英语教学模式单一，网络技术应用不纯熟，按部就班地讲解课本，很少会为学生补充感兴趣的内容。教师是课堂的主讲人，久而久之成为知识的传输者和讲解者，学生在单调的语言环境下，难以身临其境地进入自己思考的空间，对待差异化学情也无法实现量体裁衣。在课堂活动的组织过程中，甚至还在延续板书、录音机和幻灯片等有限的固化模式，不仅缺乏氛围，还会让学生产生抵触情绪，记忆和学习效果自然难以尽如人意。而在作业本和试卷的评价环节，传统发布指令者的方式，规划性和有效率都难以保证。

翻转课堂下教师转变角色定位的紧迫性。由于高校英语教师教学定位存在诸多不足，导致教师的主体性过强，主要体现专业知识和系统教育的灌输，学生个性化创造力的开发教育受到制约，统一模式的推进无法做到因材施教。同时教师偏重知识传授，程序性知识相对较少，创新意识与时代发展日渐脱离。此外评价标准单一，依然延续应试教育的约束，导致学生实践能力严重不足。

尤其是对新技术应用缺乏深度认知，新型教学模式不够普及，使得教育的定义被锁定，教学活动的开展没有考虑学生的需求及就业。

二、高校英语翻转课堂模式

翻转课堂的内涵及特点。众多学者对翻转课堂的诠释并不统一，主要来源于表达方式和界定角度的不同，但实质上来讲，翻转课堂的内涵及实施过程却趋于一致。一方面，学习知识到内化知识的流程依然是主旋律，无论如何创新，翻转的是结构而不是流程。在师生角色的转化过程中，教师向引导者身份转变，而学生的主体地位得到了很好的诠释，积极主动的学习成为常态，师生课堂交流、互动进一步深化。翻转课堂与微课等网络教育模式不同，学生吸收知识依然需要课堂交流互动得以保障。

翻转课堂颠覆了传统教学模式，重新规划了课堂内外的时间。首先遵循以学生为中心的原则，对学生基础情况进行摸查，制作开发和选择相应教学资源，学生通过课前自主学习的方式，开展交互式学习机制，形成了个性化学习氛围，以网络信息平台为基础，依托课堂展示学习成果，有效利用现代信息技术的价值和优势辅助学生完成知识内化。师生角色和职能的转变，对培养学生自主学习能力极为有利，不仅符合语言教学的趋势和实际需求，而且学生的积极性将会大大提高。

翻转课堂教学流程。翻转课堂教学模式的共性在于可以按照时间维度和空间维度进行划分，其中前者包括课前和课中或课下和课上，而后者则覆盖网络自学或面授方式。在颠覆传统的课堂教学氛围下，学生事先借助网络平台或移动终端的智能学习工具进行自主化学习，之后在课堂上教师根据学生集中出现的问题组织合理的教学方式开展协作化教学，同时兼顾答疑和成果展示，最后完成后续跟进的评价和反馈。其中学生自主学习的重要性不言而喻，需要学生具有很强的自律性，当然教学资源要能够引起学生的兴趣和共鸣，充分考虑学生的需求，将学生作为整个课堂的中心。

三、翻转课堂教学应用于高校英语教学的机遇与挑战

优势分析。翻转课堂教学模式的知识呈现方式更加新颖，利用微视频、微课件结合新知识资源，不仅更加灵活和个性化，而且精选或精心制作的课件可以有效激发学生的学习兴趣，而且教师重复教学的负担得到了缓解；由于教学以学生为中心，因此形成了协作式课堂学习活动的新机制，潜移默化地提升了学生实践与创新能力，提供了更加充裕的个性化学习创造力条件；基于翻转课堂教学模式的教学特点分析，知识的传授主要在课前实施，在相对自由的学习环境中，既可以满足学生的个性化的学习体验，还可以助力大学生自我调控能力的生成，而且可以同步咨询求助或搜索问题的难点。此外高校英语教师综合素质较高，信息技术应用能力也是出类拔萃，拥有良好的互联网信息技术、网络教学资源开发及快速接受新兴事物的能力。

劣势分析。翻转课堂在我国高校应用和推广时间并不长，尤其是在英语教学中大范围应用并未取得广泛的实践经验成果。这一方面源自教学视频选择与制作具有不同程度的难点，需要高成本的支撑。而且本身授课对象就是大学生群体，翻转课堂内容及制作与教学的相关性较小、简单的教学视频学生不认可，高质量具有特色、实效的系统教学视频又要花费较长的时间和精力，需要团队协作支持。另一方面，翻转课堂教学模式与高校的英语教学的兼容性依然有待进一步的研究和总结。英语学科属于文科类，考虑本学科知识的系统性与结构性，微视频的制作与其他理科类课程相比还存在一定的差距，如何设定翻转课堂的比重以及制作何种类型的微视频，都需要在借鉴过程中遵循本身的特点，不断尝试和改进。

机遇与挑战。高等教育信息化是社会发展的必然趋势，而且一系列相关教育政策法规的出台，也表明了国家对教育领域应用互联网技术的重视和决心。解读教育信息化十年发展规划以及国家中长期教育改革和发展规划纲要可以得知，翻转课堂教学模式将会成为今后教学的主流应用形态。此外慕课教学兴起，

以及大型开放式网络课程的深入人心，不仅可以分享其中海量的微视频和微课件，还可以随时随地进行自主式探究学习。

然而受传统根深蒂固教育观念的制约，翻转课堂开展并不会一帆风顺。其中不仅仅是教师难以在短期内改变自身的角色定位，而且学生也不会完全适应离开教师主导的自主性学习方式。颠覆式的教学模式对大学生自主学习与调控能力提出了考验，面对无人监督及互联网的种种诱惑因素，学习效率难以保证。此外，快速发展的大型开放式网络课程以及学习时间重新分配都是潜在影响学习效果的因素。

四、基于大数据视角的高校英语翻转课堂教学模式探究与建议

大数据时代下，赋予了翻转课堂线上教学新的生机，将其与传统课堂教学相结合，不仅能够集中采取针对性的交流和指导，还为学生创设了更多灵活自由的学习空间。随着高校英语教学改革的深入推进，翻转课堂教学将会得到更为优化的应用。根据高校英语翻转课堂教学的不同影响因素划分，可以从以下三个层面探究二者融合的最佳出路：

学生层面。大学生应该明确自身主体角色，全力配合教师的教学行为。本着对自己负责任的态度，培养自我调控能力，积极主动参与课前的各种活动。在小组作业和讨论过程中，根据自己的实际情况，在自主学习知识内化阶段，把握节奏，完成知识内化阶段的转化。在高校英语翻转课堂教学中，学生要树立主体意识，提升课堂参与度，进行自我知识建构，形成自主性知识探究动机与热情。如果遇到问题，要及时大胆地向教师提出，不断汲取和建构积极的学习体验。在线上教学中，大学生还要及时督促和管控自我，应明确学习目标，培养良好的意志力，设计和执行科学合理的学习计划。加强小组沟通与协作，拓展和延伸混合式教学模式，营造团结、互助和友爱的协作式学习氛围。

学校层面。高校要为高校英语翻转课堂教学提供坚强的后盾，提供大量设备精良的现代化教学设备，同时引入多元化的资源平台，加强校园网络的流畅

性。一方面，要特别注重重塑教育观念，打破传统教育观念的束缚，从学校指导层面引导教师更新教育观念，采取富多样的协作式课堂完善线上教学平台。由于目前高校英语翻转课堂教学还处于起步阶段，很多平台还需要进一步开发和完善，为此要提升功能的可操作性和易用性，采取多种途径加强平台建设投资，完善平台的功能。另一方面，确保快速且顺畅的网络功能，为学生增加互联网接入口的数量，继续提高校园网络宽带，为开展线上网络教学提供保障。

教师层面。高校英语教师要在提升自身现代教育技术能力的基础上，加强对学生课前学习的掌控力度，在课前环节确保学生能够取得良好的学习效果。众所周知，课前学习效果对于英语翻转课堂具有不可替代的重要性，为了保证课堂教学的有效性，需要列出课前任务单，督促学生对照评分标准及时完成。在参与混合式学习过程中，教师应该针对学生的心理投入、努力倾向，实施个性化的线下教学。在视频和课件制作环节，教师要根据学生现有的发展水平，设计科学合理的提问和任务布置，把握好题目的难易程度，使学生可以获得积极的自我效能感。与此同时，教师要继续提升现代教育技术能力，做好教学评价方式的完善工作，利用QQ、微信等社交工具对学生情感、态度进行鼓励性评价，和谐的师生关系有助于取得更好的教学效果。

总之，随着大数据时代的到来，高等教育信息化已成为必然趋势。高校英语课程教学应该与时俱进，积极引入翻转课堂教学模式，明确自身主体角色，调整线上资源分值比重，完善网络学习硬件设备设置和课堂评价机制，增加与考试有关的练习题，激发学生参与课堂的积极性，有效监督指导学生进行自主学习，提升课堂学习支持工具软件功能。教师则应找准定位，提高翻转课堂教学驾驭和掌控能力，重视以人为本的理念，尊重学生的个性和认知，综合考虑各方面的因素，形成具有感染力、凝聚力的教学机制，避免课堂模式流于形式，强化线下课堂师生互动效果，有效弥补传统教学模式的不足，提高课堂教学效率与质量。

第三节　大数据时代下高校英语空间教学行为优化

在以网络空间教学平台为媒介的数字化教学中，教育技术不应成为实施数字化教学的壁垒，而应为教师数字化教学和学习者个性化学习提供良好适宜的环境。教师的教学行为，体现在教学资源的优化、教学过程的实施、教学处方的开设等方面。教学行为的优劣决定了差异化教学效果的好坏。教师的教学行为对英语学习者的学习行为、记忆行为、表达行为产生显著影响；学习者学习行为不断优化，使其个性化学习成为可能；师生交互行为能更好促进教师教学行为和学习者学习行为的优化，从而实现教师教学效果和学习者学习效果的提升。

随着网络教学的进一步运用，网络教学已经经历了"以技术为主的单向传递"1.0时代、"以教学论为主导的双向互动"2.0时代、"以网络教学论为主导的全方位"3.0时代。随着大数据技术在教育领域的发展，网络教学即将进入"以数据分析为主导的立体化"4.0时代。以数据分析、教学运用、"教学处方"开设等为载体的教学行为、学习行为、教学管理行为将发生各种变化。

一、教师教学行为：差异化教学的前提

英国学者维克托·迈尔舍恩伯格在《大数据时代》一书中指出："大数据是人们在大规模数据的基础上可以做到的事情，而这些事情在小规模数据的基础上是无法完成的。"教师利用大数据分析结果，可以根据学生的个性化需求定制教学内容和进度，帮助教师找寻最高效的教学方式。具体落实在英语教学上，教师的教学行为包括教师的观测行为、设计行为、分析行为和评价行为。

（一）观测行为：相关关系的发现

教师进行教学反思时，总是试图寻找学生英语学习没有取得进步的"原因"，这种反思往往关注的是事物个体特征，而大数据分析往往看到的是事物之间的

相关关系。教师对学习者行为的"观测",并不在于关注"怎样学得最好",而应关注具体的学生的行为,以及这种学习行为与学习效果之间的关系。教师根据学习者的各种学习行为特征将学生进行聚类,并根据不同类别的学生,跟踪他们在网络学习空间的行为,观测他们学习不同资源和具体知识点的顺序和效果,利用资源的时间点、访问资源的频次、学习的集中时间段、学习者语音或词汇出错频次等数据来找寻学习行为与个性化学习效果之间的相关性,得出一些关联规则,并对学习者行为进行概率预测与分析。通过对实验班级学生高校英语课程学习行为的关注,我们发现:英语学习者学习英语的有效程度与学习者的母语程度存在相关性;女大学生在英语学习中表现得更出色。如果教师在教学实践中更多关注这些特点,根据不同学生学习特点来上传不同学习资源、分配不同学习任务,学生就能根据自身学习情况选择合适资源进行有效学习。教师在教学中需要及时"观测"学生在课堂内外的表现,抓住学生的有效学习,并积极鼓励学生参与教学活动,根据学生的反馈程度进行教学设计的调整与教学方式的改变。教师只有从日常教学实践中不断"观测—反思—实践",才能实现自身专业成长,帮助学生不断提升自主学习能力。

(二)设计行为:实施教学的核心

教学设计行为是教学理念的综合体现,是教师教学方法调整、教学反馈执行与课堂教学管理改变的集中体现,是实施有效教学的核心要素。何时上传何种教学资源、课堂教学如何展现、作业布置形式等需要教师进行精心设计。目前使用网络学习空间开展教学的部分教师还停留在海量数字资源上传的"初级阶段",教师个人空间存在"僵尸资源",空间运用存在资源堆积、课程设计缺乏等问题。而通过大数据分析,可以发现哪些资源没有被启用,哪些资源被学生访问的频次高,便于为教师后续资源推送提供参考。

教师教学实施中资源被运用的频率,教师"诊断"学生语音、场景会话中存在的"学习盲点"并开展有针对性的教学活动状况、教师批改作业的频次与及时性等状态数据在教学空间中留下的"轨迹",是教学管理者对教师评价的重要参考依据。教师通过平台后台数据可以观测学习者的学习状态,从而为不同学生推送个性化学习资源、开设有针对性的学习处方。教师可以根据学生出错频次进行教学设计的改变，教师对空间的设计能力直接影响教学实施的效果。教师对学生网络学习空间资源的数据信息的整合和分析，了解学生个性化成长轨迹，为后续资源建设及教学设计提供有针对性的建议。

（三）分析行为：预测规律的基础

一个人在看待整个世界及世界中的所有事物时，要从具体事物转向交互作用，并把它看作一个收集和分析数据的平台。教师只有运用大数据思维来尽其所能测量、检测学生的学习行为，才能更好发现学生做什么才最为有效。教师只有成为学生成长过程的合作伙伴，找到学生与学习行为之间的连接点，才能更好地为学生推送有价值的学习资源。教师根据学生在课堂教学中的表现，并利用空间动态化数据分析教学实施和教学处方开设过程的可能性规律，能为如何为不同学生推送个性化学习资源、开设有针对性学习处方提供参考。在实验班教学中，我们发现教师上传学习资源的时间影响资源被利用程度。通过对这一现象的分析，我们发现学生学习时间与教师空余时间的不一致导致教师上传的资源没有被及时利用。教师需要对这些显性数据的分析来发现学习者的学习动机，并对这些现象进行归因分析，以找寻更有效的学习方式。

（四）评价行为：实施反馈的前提

空间学习活动"观看视频"时长、在线测试情况、参与互动频次等留下的学习行为痕迹是教师对学生学习过程评价的重要依据。教师对学生学习行为表现进行合理、客观评价是引导学生课堂教学活动有序开展和自主学习的重要条件。网络空间学习的评价不仅关注学生学习参与程度、专注程度，更关注学生在交互活动中参与的频次与效果。教师教学评价的结果及效果与评价标准的合理性和评价执行过程的客观性相关，评价过程不合理势必影响评价的结果。尤其是小组协作完成作业时，如何界定小组成员合作的程度，如何根据小组成员的不同表现进行评价会直接影响小组协作的积极性与有效性。通过网络学习空间实施的评价更能做到"用数据说话"，教师教学评价与学习效果呈正相关关系，起引导、激励、监督作用。研究表明，评价结果的使用也会直接对教师的课堂教学行为产生积极或者消极的影响。

二、学习者学习行为：个性化学习的体现

不同类型的学习者学习不同资源和知识点的顺序和效果不同，通过对学习者在空间留下的"痕迹"，可以分析出学习掌握利用资源的时间点、访问资源的频次、学习的集中时间段、学习者语音或词汇出错频次等，通过这些数据可以了解学生个性化成长轨迹，为教师后续资源建设及教学设计提供建议。

（一）聆听行为

与传统教学模式相比，网络空间教学能实现全面记录、跟踪不同类型学习者的不同学习需求、听力训练的情况，教师可以根据学生的已有学习基础和在空间学习行为，了解学生动态化的学习轨迹。通过可视化的数据分析，教师可以得知学习者听力训练中匹配答题情况及答题过程，从而有助于教师在以后教学设计中进行针对性的强化训练。课堂听力教学，学生与教师之间的互动表现为听力材料播放—听力材料理解—听力练习答案核对，不同层次学生听力水平与听力需求差异较大，却无法得到个性化匹配。利用大数据与自然语言算法将搜索数据与个性化需求相匹配，基于大数据的个性化自适应在线学习分析模型及实现，从而能够发现原本隐藏的学习行为信息，教师通过这些行为的相关数据实施预测或干预，用于教学评价与反馈，能有利于学习者听力水平的提高。

（二）阅读行为

空间阅读教学设计中"课前学习—解决问题—课堂互动—课后作业与检测"一系列的教学行为活动形成了"催生疑问—解决疑问—应用知识"的学习过程链。大数据分析通过学生完成阅读任务的先后顺序来判断学习者对文本材料的理解程度，也可以对学生阅读理解思维进行"跟踪记录"，发现学生阅读习惯。在课堂教学中，教师需要对学生的阅读状态进行关注，观测学生注意力是否集中、阅读理解的目标是否达成、课堂教学中的阅读任务完成与空间阅读作业完

成状态是否匹配。学生主动获取阅读材料的主动性不高，而更愿意阅读教师上传的阅读资料，且学生更愿意阅读与应试相关的材料。大多数非英语专业学生并没有每天坚持阅读的习惯，通过"打卡式"阅读学习任务单的形式更能帮助学生建立良好的阅读习惯。教师可以通过大数据分析结果，找到学生阅读中的"共性问题"，并进行及时反馈。

（三）记忆行为

对英语学习者而言，词汇的记忆成为影响听力、阅读、写作的"障碍"，据研究发现，教师的基本语言知识与阅读教学能力相关，其中最突出的表现为教师的词素意识最能预测其教学能力。英语学习与其他学科的学习一样，不仅需要学习投入的时间，更需要投入的不断反复。教师在教学中运用信息化技术手段能激发学生兴趣，激励学生积极参与小组活动讨论，通过组间竞赛、小组截图贴图、小组展示、教师点拨等环节的活动，构建多层次间的反复互动，强化学生知识运用，帮助深化其记忆行为。大数据时代，通过网络学习平台学生可以轻松获取常用词汇在高校英语四、六级考试中的出现频次，一些学习软件还提供了词汇在句子中如何运用的小视频。在实践中教学中发现，教师对词语使用频率做了统计，并详细整理了词语使用频次数据的词汇学生掌握得更牢固；教师提供了词汇学习小视频的词汇，学生学习兴趣更浓厚。因此，在教学中教师可以充分利用这些数据，分析出学生感兴趣的学习内容和最有效的学习方式，在教学设计时，尽可能利用大数据技术，丰富高校英语课堂教学技巧，为学生营造良好的学习氛围，以提高学生高校英语学习的兴趣。

（四）表达行为

教师最大的教学智慧不在于展示自我表达能力，而在于唤醒学生运用语言知识进行自我表达的欲望。英语口语表达能力的提高很大程度依赖于学生课后自主学习的时长和效率。据研究发现，学生在认知与情感方面的自主性较高，而行为自主性最为欠缺，且学生之间的行为自主性情况的差别也最大。学生英语口语表达能力的提升需要在课堂教学中进一步强化，教师应更多关注学生在课堂教学中的参与状态：是否小组成员全员参与讨论，小组汇报是否成员间轮流进行，小组汇报效果怎样，各小组表达中存在的个性与共性问题。在教学实践中发现，小组活动中，经常进行展示汇报，积极进行质疑，主动发起讨论的学生口语表达能力提高程度显著。口语表达能力强的学生更愿意积极主动对小组成员或对其他小组表现进行评价，且其评价相对更客观。积极参与留言讨论并及时完成空间学习任务的学生书面表达能力更强。因此，教师应通过平台及时收集学生常见书写表达问题，根据对这些"学习证据"分析归类后，在写作教学中进行反馈与强化。

三、师生交互行为：教学效果的彰显

学习者与教师的互动行为体现在他们参与空间互动栏目的程度、参与互动交流的时间点和频次等方面。通过对教师教学轨迹、学生学习轨迹、学生空间测试数据、学生活跃度、阅读量数据、听力训练数据等之间关联规则，能发现教学过程中师生互动行为与学习者学习效果之间的相关性，从而了解师生交流的最有效途径与时间段，为教学效果的提升提供参考。

（一）师生互动

正如世界著名教育家、哲学家弗莱雷所言，"真正的教育不是通过'A'for'B'也不是通过'A'about'B'，而是通过'A'with'B'。"师生互动是语言类教学的基本范式。空间教学使得师生互动更加便利，不受班级规模的影响，能根据学生个体实施互动交流。空间教学实现了课堂内外的"翻转"，其基本目的是满足学生个性化的学习需求，让学生得到个性化的教育，理想的翻转课堂实施的是真正的差异化教学。大数据分析则能通过师生互动交流的时间段、交流频次，发现不同类型学生自主学习规律，发现学生自主学习进度，更有助于基于个体的交流方式。研究表明，在教学活动中构建愉悦的课堂氛围，能提升学生与课程、学生与教师之间的情感联系，实现良好的教学效果。师生之间通过教学空间突破时空的限制，最大化调节学生的学习投入。当下大学生在"面对面"课堂上会由于羞于表达，再加上班级人数限制等问题，师生互动受限，而空间在线交流能突破时空的限制，最大限度调节学生的学习投入，增加学生表达与师生互动的机会。教师可以根据学生在空间平台互动"学习轨迹"和课堂教学中师生交往状态的大数据分析结果，找到学生自主学习和互动交流的规律，选择更合适的交流时间段，调控共同探讨交流的机会，这样能提高师生互动交流的效率。在情景学习中和协作学习活动中，师生互动效果更好。师生互动程度高的班级，学生进步程度更显著。与教师互动频次多，小组活动中展示频次多的学生进步幅度更大。当师生互动停留在简单的"提问"与"答问"阶段时，学生思维含量低，学生进步空间较小。通过对高校英语课堂观察发现：师生间"讨论式互动"比"提问式"更能激发学生兴趣；课前有空间互动为基础的班级在课堂讨论中学生更能积极参与；教师"开放型"提问比"封闭性"提问更能引导学生积极思考。师生互动应集中于对"线下课堂"中出现的关键问题，并构建深入讨论的情境，开展师生间的多向互动，才能实现有效互动。

（二）生生互动

空间教学的开放性和互动性，使得生生之间的交流时间和空间更加灵活，课堂教学活动得以延伸，使学生在课堂上没有理解的内容可以与同学进行深入交流。在课堂教学中，学生与教师的互动积极性较差，他们更愿意选择"线上"交流方式。空间教学平台为学生间的生生互动提供便利，使那些遇到问题不愿意主动求助于教师的同学提供更多交流机会。可以说，空间教学使"你问我答，有问必答"成为可能，真正意义上个性化教学、异步教学在空间教学平台得以彰显。通过对"留言板"和"讨论区"中自动文本分析，根据其关键词的出现次数来确定学习者类别。教师可以根据大数据分析结果，提炼教学重点和难点，在课堂教学中进一步强化。通过实验班教学实践发现，由学生主导的提问，学生间讨论较为热烈，参与积极程度较高。在"作业布置"环节，生生讨论程度高的问题是学生感兴趣的话题或者教学中的重点与难点问题。同伴之间的交往程度高，学生的学习进度程度更高。在网络空间教学这个大系统中，同伴—教师—学习资源各要素需要相互协作，才能发挥其最大效能。

（三）师师互动

大数据下的"合作性"学习可以是"师生"组合、"生生"组合，甚至可以是"师师"组合。教师通过网络学习空间可以共享"云资源库"的教学资源，并通过"教研苑""我的教研室"进行教学问题研讨。教师间的互动除了教师间如教学经验分享、情感交流等"显性"互动交流外，还包括教学理念、教学方式的相互影响等"隐性"互动。教师通过"师师"互动能强化教学反思，帮助教师构建自己的教学观，形成个人教学风格。"师师"个体互动受"群体互动"环境的影响，能促进个体专业发展和群体凝聚力。网络空间学习平台中教师间的"师师"互动突破了过去面对面教研室讨论的局限，可以跨院校间研讨交流。"师师"互动的优化是教师自律文化形成的关键，是教师构建"专业学习共同体"的必然趋势，是教师专业成长和教学风格形成的一种"存在方式"。目前网络空间平台中"师师"间互动需要突破"日常"教师间的"显性互动"，需要构建教师互动共同体，教师间开展更深入的关于教学理念的变化、情感态度的体验等"隐性互动"。教师间的行为互动逐步转化为心灵的互动，从而达成教师间的理性交往。网络空间互动能使两人间的互动转化为多人互动，引发更多人的思考、质疑、碰撞，呈现多角度的交互性。大数据时代的教学设计可以集教师集体智慧实行"众筹教学"，让教师间的教学设计—教学过程—教学反思—教学反馈在不断交流与碰撞中得以最优化。

四、高校英语网络空间教学行为优化策略

教师通过对学生的多维信息坐标体系的观测，实现"教学资源的精准匹配—个性化教学设计—差异化教学处方—有教学行为痕迹的教学过程—动态化教学评价—针对性教学实施—客观性教学记录—新一轮教学设计"教学模式的良性循环。

（一）采取大数据思维进行精准教学设计

教师在教学过程的各种行为,包括何时提问、何时讲授、何时开展小组活动、

何时创设情境等都直接影响学生学习效果。而这些行为都需要教师进行精准化教学设计。信息化时代空间教学过程的动态性及复杂性，使得课堂教学的不确定因素增加，教师的教学设计不能遵循某一既定模式。有针对性的教学设计能使教学过程更生动有趣，学生的创造性思维能得到更好发挥。

教师可以通过教师和学生在空间的"活动数据"记载情况，实时掌握教师教学实施情况和学生学习情况，通过学生的反馈行为灵活调整教学计划，并在教学过程中根据班级不同特点设计个性化内容。空间教学设计，容易使课堂中出现教学设计之外的"节外生枝"的问题，教师若能捕捉或创造更多这样的机会，学生参与程度与学习效能也能得到提高。大数据思维能帮助教师不仅看到"云空间"的庞大数据，而且需要对数据进行聚类分析，看到数据之间的相关性，并发现事物与事物之间的相关性。教师在小组活动设计环节时发现，学习合作小组展示中，性格外向型组合更愿意以"情景剧"表演的方式呈现，性格内向型组合更愿意以"一问一答"方式呈现，英语基础薄弱的小组更愿意通过讲解单词与词组的方式来学习。因此，在下一轮教学设计中，教师应尽可能照顾到不同组员的特点，鼓励小组成员间和小组间的相互交流与合作，以帮助学生更全面锻炼各个方面的能力。教师只有做到以"数"为"据"，才能及时掌握学生的学习任务完成情况和后续教学重点和难点，才能开展精准教学设计。

（二）利用大数据预测结果完善差异化教学过程

教学过程是师生心理活动的过程，空间教学加快了师生交互作用的进程，教师教学任务的设计可以通过学生空间"访问痕迹"和"留言痕迹"得以实时反馈。教师对教学知识点及教学进度的安排以学生的"个人学习数据"为依据，及时收集学生的学习知识"盲点"。教师可以通过回看、反复浏览学生数据来分析学生普遍存在的"疑难问题"，也能发现部分学生的"个性问题"，并对不同学生行为进行分析，预测学习者学习规律。比如，教师通过发现不同学生上交作业的时间分析预测学生最有效学习时间段，并根据他们的特点调整作业任务。教师可以根据小组作业贡献度排名来判断小组协作中各成员情况，并根据一段时间的表现来分析并预测小组合作效果，根据情况适时调整小组合作的形式和作业呈现方式。教师利用大数据预测结果，能促使"教学设计—教学过程—教学反馈—新一轮教学设计"这一循环过程产生积极效应。教师根据学生对教学资源建设、互动讨论的参与程度，来判断学生的学习进程和学习效果，从而在课堂教学中开展有针对性的教学。在教师实践教学过程中发现：英语学习基础差的学生更不愿意完成书面表达作业，在此类型作业花费的时间较少，更不愿意课堂上主动发起提问，英语学习提高幅度更小。教师对这类任务完成情况不高的学生实施教学干预，有针对性布置"啄木鸟"挑错任务等，让学生从自己常见表达错误入手，来逐步改变学生英语表达习惯。

在教学的不同过程与阶段，学生的学习行为都会留下一系列的"个人小数据"，数据与数据之间相互联系与影响，形成该课程教学的"系列大数据"。课前采集的数据，是课堂有效教学的基础，课中、课后采集的数据，既是调整教学节奏、开展个性化辅导的依据，又是因材施教、推进分层教学的证据。以数据分析为基础的空间教学促使教师教育教学从"经验主义"走向"数据主义"，使课堂教学从关注"宏观群体"到"微观个体"的转变，让课堂教学发生在每个个体身上，使差异化教学成为可能。

（三）根据大数据反馈行为开出针对性学习处方

空间教学使得师生之间的"庄严感"弱化，在"寻找"与"探索"中得到更多探究知识的乐趣。学生在师生关系中逐步告别"聆听"，开始走向"质疑"；学生对于知识的态度，也需要从"理解"转向"反思"；学生对于教学方式也从"适应"教师，转为对自我认知的"超越"，在学习方式上，学生的"体验"要比教师"经验"更加重要。在这种教师与学习者行为转变的背景下，教师对于个性化学习的指导，需要强化学生的发展性思维、反思性理解力、体验性认知等方面。教师根据学生空间的"浏览痕迹"可以得知学生对不同类型资源的浏览频次，了解学生对学习内容的喜好程度，从而及时推送、更新学习资源。教师通过课前学习资源被访问的时间、学生完成学习主题"lead-in"问题的时间和答题情况，可以得知学生对知识点掌握程度。课中教师可以根据学生"group-work"活动反馈的问题进行强化训练，并进行及时测试，收集学习后的学生掌据情况、课后学习作业提交时间、答题情况等为下一模块的学习和讨论提供了训练素材。

如在实践教学中，教师发现某些班级学生课前自主学习完成情况较差，课前"lead-in"问题主观题完成人数不理想，课中"group-work"汇报人总是集中在少数人，课后作业完成中的错误"雷同率"较高。教师通过一段时间观察与课后交流发现，该班学生英语学习基础薄弱，对于教师以"自主学习"为指导的翻转课堂方式很不适应。这些学习行为特征为教师下一步教学方式的改变提供了及时反馈，在教师积极引导下，学生英语学习习惯逐步改变。教师通过一学期"课前"—"课中"—"课后"的一系列学习行为和学习习惯，从中找寻不同学习任务和不同教学环节学生的学习规律和特点，采取不同教学方法、设置不同教学任务，让学生形成良好的自主学习习惯。

（四）实施大数据背景下的动态化教学测量

大数据之大，不仅仅意味着数据之多，还意味着每个数据都能在互联网上获得生命、产生智能、散发活力和光彩。大量实时的数据让课程评价与教师教学评价中"让数据说话"成为可能。对课堂教学中的所有数据进行统计分析，并实施及时反馈，能实现教学测量的过程化、动态化与精准化。大数据分析能直观呈现学习者学习效果的轨迹，这种及时有效的反馈能帮助教师强化学习行为，激发学生自主学习动机，为进一步教学实施提供参考。大数据时代的教学评价以数据为基础，呈现多元化、动态化等特征，然而教师不能过度依赖数据，将数据当作行动指南会导致学生的很多潜能常因为没有"药引"而不能激发出来，大数据只是作为教师找寻学习行为与学习效果相关规律的一种技术手段。

每个教师根据学习者行为特征采取的教学设计的调整及教学资源的更新，在空间所留下的"痕迹"构成系列小数据，学习者参与程度、互动情况在空间所留下的状态数据也是大数据的一部分。因此，教师在进行教学测量时，需要关注数据的动态性：各协作小组整体表现，发言积极程度的变化、小组成员参与程度的变化、学生学习能力与初始测试的变化幅度、学生作业的平均值等，而不是以一次测试成绩作为测量学生学习效果的依据。

面向未来的教育，不同于工业化时代"大规模批量生产"的人才，而是要更加关注学习者的个性化学习能力的提升。基于大数据的学习行为分析及时记录学习者学习过程，根据学习者的不同特征进行个性化学习资源推送，是未来英语教学改革的可能趋势，既符合数字化时代的特征，又是未来可持续发展空间学习生态的重要标志。

第四节 大数据对高校英语教育教学的影响

随着世界经济一体化程度加深，信息技术的高速发展，尤其是互联网及各类移动终端的普及，把人类带入了几乎涵盖所有行业的一个大数据的时代。大数据时代的到来使高校英语教育模式发生新的变革，无论是教学形式、学习行为、教学评价、教学理论、教学资源及教学评估等各方面都随着时代的变化而做出相应更新、改进。笔者结合教学实践活动，从大数据对现代英语教育的影响及运用方面进行了探索与研究，并提出了相关优化措施。

大数据时代，高校英语教师面临新的挑战，传统英语教学模式受大数据影响与冲击，已经逐渐转变和改进。数据的集中以物联网、数据库技术、云计算等综合技术的成熟为基础，数据是过程性和综合性的考量，它更能考量真实世界背后的逻辑关系。高校英语教师在大数据相关知识的整合、教师职能与角色的转变、学生主体个性化发展与变化、新型教学设计和教学评价等方面面临巨大挑战。如对一个学生英语考试成绩的研究，可以依靠大数据进行分析，综合考虑这个学生的家庭背景、努力程度、学习态度、智力水平等数据，这些数据正是学生所得分数的正面反映，教师可以根据数据对学生进行相应教育和帮助。但这需要教师有相关的知识储备，要有大数据整合能力。所以教师要适应大数据时代高校英语教学改革的趋势，从而实现良好的教师职业发展。高校英语教师要提高大数据整合能力以适应个性化教学的需求，改进课堂教学模式和方法，以切实提高学生的英语应用能力，提前做好自我准备以适应高校英语教学的一系列变化转型，参加相关培训和研修以提高自身教学和科研水平。

一、大数据时代教学方式的特征

传统教育模式是随着工业时代集中批量生产的模式产生的，其主要特征是标准化模式：教学集中班级化、教材统一、教师的主体地位不可动摇、课堂有时间限制等，这些教学特点和方式为当时社会培养出了需要的人才。相比较这些特征，大数据教育模式更倾向于弹性学制、随时随地在线和多媒体教育、个性化辅导、多师同堂、家庭学习等。大数据与传统的数据相比，就有非结构化、分布式、数据量巨大、数据分析由专家层变化为用户层、大量采用可视化展现方法等特点，而现代网络环境下的大学教育会更加个性化、开放化、数据化、人性化、平台化，两者正好相互融合适应，教育除了是社会学科外，也将变成有数据论证的实证科学。互联网技术在教育中的应用越来越广泛，作用也在不断增加，与以往相比，一定程度上减少了教师的工作量，但是教师的比例并没有相应减少。这主要是由于大数据虽然很大程度上促进了教育的发展，但新事物的产生总要经过反复的实践，必有其不足的一面，如出现了大量信息垃圾，学生如果分辨不清，随意应用反而会造成负面影响，因此需要教师进行更多的指导。不过教师和学校的定义和内涵需要更新。目前，仅就知识传播而言，教育资源正在经历的是平台开放、内容开放、校园开放的时代，这是前所未有的。

二、大数据时代的英语教学中要进行的相关优化

（一）英语教师要引导学生形成互动、互助学习状态

高校大学生来自我国的各个不同地区，生活习惯和学习观念会有很大区别，而且大部分学生在整个中学阶段，受各种学业压力的影响，形成了独立学习的状态。这种学习状态适应于我国中学教育，节约了学习时间，但也造成很多大学里的新生很难融入集体互助合作的活动中，学生在学习上很少进行互动和互助。造成大数据在英语教学中所发挥的作用大打折扣。所以，作为学生英语学习引导者的教师，要想更好地利用大数据所带来的种种教育资源，就要掌握现

有资源调动学生积极性，营造学生互动的氛围。教师要让学生理解大数据时代进行合作互助的必要性乃至其深远的意义，进行相关教育活动，使学生树立起合作互动的理念，并应当以比较切实可行的学习活动，让学生在具体的学习中感受到合作互助学习的意义。

（二）英语教材的应用也要根据大数据进行相关调整

我国高校英语教材主要是根据教学大纲和实际需要，为师生教学应用而编选的材料。教材是教学的主要依据，是教学大纲的具体化，教学保障包括网络信息基础设施保障、教学物资条件保障、图书资料保障等，在很大程度上影响着教学质量。以下是大数据环境下影响教学质量的主要因素：学习氛围、选用的教材、教学设施、教学服务保障。因此大数据背景下除要为学生营造互助学习的氛围外，还要依据实际需要，进行教材方面的调整，适应学生学习要求，以提高教学质量。

三、大数据对高校英语教学的深远影响

随着知识经济时代的到来，大数据在高校英语教学中的应用越来越广泛。两者的深度融合，从根本上改变了我国传统的以课堂为主的灌输式教育模式，转变为更加开放、互动性的教学模式。与此同时，世界经济一体化、科学技术的飞速发展，促进全球信息的高速传播，并且逐步实现无缝整合与共享，其中教育资源信息也位列其中。尤其是近年来所开放的优秀教育资源使得全球各角落的学习者能够同步共享。

（一）大数据对高校英语教学方式的影响

大数据时代下的英语教育，着眼于其长远发展，它使英语学习者能够学以致用，英语教育的实用性大大增加，并且根据各种数据能够更加科学地进行英语教学活动与管理决策，为英语教育开启新思路创造了条件。一是大数据下的英语学习者可以不受时间、地点限制，利用大数据共享可以获取各自所需的英语资源，以及进行网络服务的多终端访问，能实现数据同步与英语知识的无缝

迁移；二是能实现信息的全面交互，英语学习需要学生通过良好的人际交互以更好地理解与掌握语言能力，而利用大数据技术能实现师生之间、生生之间随时随地的互相交流；三是可以通过大数据统计出学生学习情况、家庭环境，了解学生课内外的学习轨迹，并形成具有研究价值的数据报告，供教师进行教学改进；四是能提高教学管理效率。

（二）大数据对英语教学评价的影响

大数据技术可以对教师教学授课过程、学生学习行为及各种教学管理数据进行全面采集，集中存储、深入挖掘与分析，在兼顾学生英语学习能力评估的同时，也为教师的教学质量评估提供了全面、准确的分析结果。

四、大数据在英语教学中的运用

（一）大数据在英语远程教学中的应用

全球经济一体化时代，各国经济贸易往来会更加频繁，英语作为最通用的国际语言，它的重要性不言而喻。尤其对于我国高素质人才，英语必将成为他们日常生活、工作中不可或缺的交流语言。信息化、网络化的教学方式，可以更加便捷、高效地为学生提供英语学习机会，例如大量网络在线课堂、网络英语学习资源应运而生，出现了人与人、人与机之间英语远程英语教学模式。

（二）大数据在英语课堂教学中的应用

学生是英语学习的主力军，主要学习场所还是在大学课堂上，大数据在课堂教学中的有效应用，可以迅速地获取学生学习的相关状态以及教师教学状态，并且通过大数据分析技术、采集技术的应用，分析其数据的成因，进而提出相应的教学对策，进行教学方法、学习行为及教学模式的改进，以提高学生学习效果和实现教学目的。

（三）大数据在英语考试中的作用

大数据技术可以综合考查学生的英语水平，有助于教师安排更加科学、合理的考试内容。各个高校普遍建立相应的大数据平台，英语教育也从中受益，例如可以获取试卷的答题结果，班级成绩情况等数据，并且通过数据平台的采集技术、分析技术，详细了解学生的英语知识储备量与英语学习的疑难点，为今后试卷题目设置提供了有利的参考，试题更加贴近学生实际学习能力。

总之，大数据时代的到来，给高校英语教学带来了新的教育机遇，虽然存在着一些问题和缺陷，但数据技术和英语教育深度融合，如能合理应用并优化创新，发挥大数据平台的价值，必定会带动英语教学水平更上一层楼。

第五节　大数据时代下高校英语数字化教学的转型

1970年，托夫勒在《未来的冲击》一书中明确地提出了面向未来的教育：倾向小班化，多师同堂，在家上学，在线、多媒体教育，回到社区。着重培养学生适应临时组织的能力，培养能做出重大判断的人、在新环境迁回前行的人、敏捷地在变化的现实中发现新关系的人。凯利(Kelly)也预测，随着大数据时代的来临，学校会更加多元化，未来的人工智能将诞生于由10亿台中央处理器组成的"全球脑系统"，这个系统包含互联网及附属设备——从扫描仪到卫星以及数十亿台个人电脑。

的确，网络媒体的发展已经引起高等教育的革命性的变化，一是"大规模开放在线课程"(Massive Open Online Courses)，简称"MOOC"(慕课)，正在冲击着全球教育；二是大数据(Big Data)理念在教育中的作用逐步得到了重视，初步形成学校教育、网络在线教育和实践应用延伸的三位一体的教学模式，教师也由原来的"教学主持者"变成了"教学参与者"。据统计，在2012年"慕课"平台纷呈竞现，哈佛大学和MIT创立的edX有49所大学加盟，包括清华大学和北京大学，设175门在线课程，100多万学生选修；斯坦福大学创立的coursers有82所大学加盟，386门在线课程，350万学生选修；斯坦福大学创立的edacity有25门在线课程，40万用户；英国开发大学Future Learn加盟成员包括26所大学、大英博物馆、英国文化协会，以及大英图书馆；澳大利亚公开大学联盟开发有48门免费课程，64门学分课程在线，课程分研究生、本科生、职业教育；德国学者在企业的资助下创建的 diversity 平台有 24 门课程，10 万用户；2013 年 10 月清华大学的中文"慕课"平台"学堂在线"有 5 门课程，10 万人次选课。越来越多的在线课程表明大数据时代已经到来。

一、大数据背景下高校英语教学面临转型

大数据时代改变了人们的生活习惯，正在引领人们由读书时代迈向读屏时代。"大数据的'威力'强烈地冲击着教育系统，正在成为推动教育系统创新与变革的颠覆性力量。"大规模开放在线课程出现是当代教育发展的一大趋势。因为当今社会，我们不再强调同一性，而是强调个性。正是在这样的背景下，2014 年我国高校明确区分了研究型大学和应用型大学两大类别。而从建构主义理论来看，由于个人的经验、信念不同，对外部世界的理解也有差异，语言学习者更加关注如何以原有的经验、心理结构和信念为基础来构建知识。建构主义的教学模式应包含四个关键因素：教师、学生、任务和环境，其中任何一个因素都不可能孤立于其他因素而存在，它们之间的交互是一个动态的、发展的过程。学生作为个人，理解这些任务的意义和个人相关性；任务则成为教师和学生的连接界面。教师与学生之间要有互动。教师的行为反映他们的价值观念，学生对教师的反应方式与他们的个人特征有关。这样教师、学生、任务三者处于一种动态的平衡之中。整个教学过程教师更多的是充当了"脚手架"的功能，学生则凭借由教师、同学及他人提供的辅助物完成原本自己无法独立完成的任务。随着学生学习能力的逐步提升，学习的责任将逐渐转移到学生身上，最后让学生完全积极主动地展开学习，并通过学习建构出真正属于自己所理解、领悟、探索的知识。"脚手架"能帮助学生向更高层级跨越，能促进学生认知和社会性的发展。

基于此，高校英语课堂教学面临转型，即把学习的主动权交还给语言学习者，学习者可以高度自由地控制学习的方向、内容、进度，在各种生活场景和语言环境中漫游，却又没有真实世界的压力，体现在参与中获得愉悦，在愉悦

中引起共鸣，在共鸣中获取语言能力，实现语言实际运用的目标。在现代教育技术发达的今天，大数据为我们提供了便利，高校英语数字化教学课可以充分利用"慕课"（MOOC）、"多模太"（MODULE）和"翻转课堂"（FLIPPED CLASSROOM）形式教学，设计网络化在线学习模块，强调个性化自主学习，这对高校英语教学来说，好处在于：教学资源丰富，信息量倍增；有利于学生个性化自学潜能的发挥；师生互动量增加，教与学不受时空限制；对学生学习成绩评价多元化；容易激发学生学习积极性。

二、大数据时代高校英语的数字化教学模式

高校英语课堂教学应视为应用型人才培养的重要环节，作为高校开设的一门公共必修课，在形势不断发展的情况下探索其新的教学模式，充分利用大数据时代带来的便利，实现课堂教学和课外在线学习相结合的教学方法意义重大：其一，它能满足现代大学生的心理诉求，实现全方位、开放式课堂教学机制；其二，它能使高校英语教学跳出传统的一块黑板、一位老师、一间教室的教学模式，充分发挥视听说优势和融入真实语言环境，并为学生今后的发展做准备；其三，它可以作为高校提升外语教学综合水平的一个参照。就大环境来说，中国要真正走向世界，外语人才的培养至关重要，没有高水平专业知识又精通外语的人才是无法实现"走出去"和"引进来"的战略目标的。从小环境看，高校担负着培养人才、服务地方、促进经济发展的重担，未来人才的素质将直接关系到国家的创新体制建设。因此，从高等教育国际化的战略高度来看，基于"慕课"平台的大学联盟为我国的高等教育提供了同国际一流大学真正对话的机会。但是，这些在线课程的教学语言几乎都是英语，因此没有英语基础的支撑，即使有了全球优质教学资源，我国的大学生也可能会面临语言上的障碍。而未来我国的高等教育都将侧重于学生对所学知识的实际应用方面，他们需要了解大量与专业相关的知识，这就决定了他们对外文信息要有准确的把握。高校英语数字化教学模式开辟了非英语专业学生的第二条获取专业知识的通道——在线自主学习，同时也体现出英语学科的人文性和工具性特点。

大数据背景下高校英语数字化教学模块设置。传统高校英语课只是为学语言而教语言，不仅费时低效，而且还忽略了英语的人文性和工具性特点。大数据时代教学资源可以得到充分整合，通过数字化教学让英语课堂变成语言能力＋专业素养课，使学生感受和体验英语，而不再是被动学习英语。目前高校可以结合自身优势，采取多层次、多模块的网络教学平台为学生创设真实语言环境，还可以通过加入大学联盟获取更多在线课程，满足不同层次学生学习英语的诉求。在模块设置上可体现行业特征，并融入人文素质和思辨能力的教育，如基础英语视、听、说模块，通用学术英语读写模块，职场和行业英语模块，文学欣赏模块，文化和科学理论模块，等等。

大数据背景下高校英语数字化立体教材开发。就目前的高校英语教材来看，以书本＋光盘形式出现的居多，这难以满足数字化教学平台的要求。因此，创建立体化教材，以文字、录音、多媒体课件、电子教案、电子档案袋、网络课件、学生自主学习系统、资源库和测试库、专业网站等形式来支撑高校英语课堂教学已是必然趋势。它有利于"创建真实的语境或场景，为学生提供'有意义交际'和实践的机会"，从不同的视角为学生营造一个比较和分析的空间，充分发挥教师与学生、学生与学生、学生与课件等人际和非人际的互动作用。

大数据背景下高校英语的教、学、考、管集成。高校英语数字化教学因其理念的革新，教学资源的网络化、数字化、信息化，教学方式更具人性化、个性化的特点，无论是构建语言教学的生态环境，还是营造语言教学人文环境，都对教学管理、教学评价的科学性提出更高的要求。考试不再以传统方式进行，而是采用网络无纸化考试，评价采取多元评价，形成性和终结性相结合，采用综合和集成的方法，统筹考虑教师、学生和教学管理者三个不同层面的相关因素，将三方的观念更新、课程体系优化、教学方法和学习方法创新、服务和管理效能提高等相关要素纳入教改的总体规划。

三、高校英语数字化教学的预期目标

交互性。长期以来，我国高校英语教学在教学观念、教学模式、课程体系、教学方法和教学测评方面存在不尽如人意之处，导致非英语专业学生英语综合应用能力不强、教学模式相对单一、教学方法和教学手段相对陈旧、学生学习动力缺乏、自主学习意识和能力不强、在文化传承和人文精神培养方面比较乏力、教师积极性不高、学生对英语学习缺乏兴趣等。而通过数字教学平台，师生间的互动加强，学生可以不断向老师提问，教师为了解答学生提问不得不更新知识和提高水平，达到师生间的交互成长。

体验性。依据高校英语教学改革及我国社会经济高速发展对高校英语教学要培养具有很强国际竞争能力人才的要求，高校英语数字化教学定位于加强实用性英语教学，以培养学生的英语综合应用能力为目标，特别突出和加强了听说与交流能力的训练与培养，通过教师下达任务，学生担当角色，立足校本经验，开辟网上专家空中课堂，在纯英文环境下让学生体验语言的魅力和完成任务后的快感，达到轻松学英语的效果。

建构性。数字化教学模式强调学生积极参与并自主管理自己的学习过程，是一种新型教学模式。这将不仅是一个教育目标，而且是一种教学理念，同时还是一种学习策略。因为学习者自主是现代教育心理学，尤其是人本主义、认知主义、社会建构主义学习理论的要求。而语言学习过程必须重视人的感情因素，学生要在教师指导帮助下参与甚至决定整个教学过程：知识的获得主要是通过学生自己发现，教师只是组织者、指导者、帮助者和促进者，学习环境(自主学习中心)与社会互动(合作学习)是两个重要环节。可以说，通过在线学习平台，学生将既获得知识，又参与实践，两者相辅相成。

大数据时代颠覆了传统的教学方式，为高校英语教学提供了自主学习平台，特别明确提出要加快发展现代职业教育，推动高等教育内涵式发展，相当一部分新升本高校面临转型，转型过程中必然涉及课程设置、教学手段等的大改革，强调应用型、实用性的专业课程开设，以及学生实践能力的提高。而在转型过程中高校英语课堂教学应考虑"专业＋通识教育"模式，充分利用大数据时代带来的便利整合课内外教学资源，借助网络在线教育，结合课堂教学，让学生学习英语的同时也学习专业知识，这将大大提高学生的学习积极性和主动性，真正体现英语工具性作用。

第六节 大数据背景下英语教学的微传播

在大数据背景下，数据流和信息形态都发生了重大变化，信息共享、交换及数据处理变得更加便捷，这为学生提供了良好的自主学习条件，对教师的教学方式方法也产生了重要影响。为了适应新形势，高校应加强英语自主学习平台建设；教师要更新教学理念，从知识的传授者转变为学生学习的指导者和帮助者，同时不断提高信息处理能力，充分利用互联网交互平台开展教学。

自2012年以来，越来越多的行业开始意识到数据和信息的重要性，"大数据"成了十分流行的关键词，人们用它来描述和定义信息爆炸时代产生的海量数据。2014年，在全国高校外语教师发展论坛上，杨永林教授作了《"慕课"时代大数据在外语教育与研究中的应用——以TRP平台为例》的报告，分析了大数据理念在英语教学中的作用。目前，传统的英语教学方式已很难激发学生的兴趣，也很难保证课程教学效果。在大数据背景下，数据流和信息形态都发生了重大变化，信息共享、交换及数据处理变得更加便捷，这为学生提供了良好的自主学习条件，使得课堂和教师不再是学生获取知识的唯一途径，这对教师的教学方式方法也产生了重要影响。大数据的发展不但促进了学生学习方法的改变，也促使教师主动改变课堂教学方式，使教学方式更加多样化。

一、大数据背景下英语教学的变化

目前，信息化成为社会各个领域发展的特征之一，英语学习也不例外，大量英语学习工具、平台和管理系统应运而生。这些英语学习工具、平台和系统能够根据大数据分析的结果预判学生的需求，找到学生学习过程中存在的问题，从而有针对性地帮助学生实现英语学习的预期目标。例如，品种多样的语料库系统、在线搜索引擎等能为英语写作提供词汇用法等方面的帮助，有利于学生解决写作过程中的语法问题，不断提升写作能力和语言运用能力。

随着网络技术和现代教育技术的不断发展，学生学习数据的收集也越来越简单，不但数据量越来越大，数据的内容也呈现多样化特征，如通过数据挖掘能够了解学生的学习动机和学习行为，通过学习评价系统可获得学生在线学习效果方面的数据，等等。在当前英语教学中，英语学习的具体化语境例证需求逐渐变大，而教师可以通过网络共享资源下载多媒体教学所需要的课件、例证等，从而有效地提高教学效率。合理利用网络数据资源开展多媒体教学和在线教学，能够促使学生激发自主化、个性化学习的积极性，有效提高学习效率。

在大数据背景下，教师可把学生在学习过程中产生的数据（包括聊天、社交、游戏中的交互信息）收集起来，了解学生接受与掌握英语的程度、学习行为及学习习惯等，及时发现学生学习的误区，进而帮助学生找到适合自己的学习方式，同时有针对性地改进课堂教学。如在阅读教学中，教师可通过所收集相关数据的分析，了解学生英语阅读学习的习惯与方式，从而及时改进英语阅读教学计划，开展个性化英语教学，提高教学效果。

二、大数据背景下英语教学的微传播

在大数据背景下，现代智能软件能够对学习者的学习行为提供实时帮助，网络技术能够为学习者创建一个主动学习的情境，诱导学习者学习的持续性，帮助学生形成科学的学习习惯和学习方法，也方便学习者对学习效果进行科学合理的评估和评价。同时，在大数据时代，英语教学具有了微传播特征，具体反映在以下几方面：

实时互动性。通过登录微博、微信等平台，教师可以随时布置课程练习和课后作业，学生可以随时接受教师布置的任务。在英语课程教学中，传统教学方式难以满足点对点教学的要求。例如，提高学生语言交流能力和应用能力的难度较大，教师难以判断学生群体的英语能力水平，课后作业难以批改，等等。大数据背景下，教师可以借助"作文批改网"等网络平台解决这些难题。另外，利用大数据云存储技术，还可以根据需要建立学生写作学习轨迹档案，以便捕捉学生写作过程的每一个细节，形成发展性写作评价。

迷你化。微传播的主要载体具有小巧便捷、易于携带、自主性强的优势。当前，各高校的无线网一般都能覆盖校园图书馆、食堂、宿舍等场所，学生通过手机等网络终端，可以在任意的时间和地点登录微博、微信等平台，获取英语学习信息，在很大程度上突破了英语学习的时间和空间限制。智能手机等迷你型移动终端的普及，为学生随时随地搜索资料、查单词、提交作业提供了便捷的途径，使学生的英语学习更加细节化和自主化。

精简化。在无线网络高度覆盖、信息快速传播的时代，信息量的增大和信息传播速度的提高，使得人们在阅读过程中更加乐意用快捷的方式获取信息，在一定程度上改变了阅读方式和阅读习惯。同时，为了加快信息传播速度，要求网络信息更加精简化，由此催生了微博、微信平台上的"微言微语"，反映在英语方面，精练的短句和小段落更加具有吸引力。在微传播背景下，学生更乐意接受内容新颖、简短而有重点的信息，以便充分利用零散的时间。因此，微博和微信平台上的英语学习信息通常是几句话、几张图片或一小段视频（如微电影）。简洁明了，具有即时性、视觉性和互动性等特征的微信息，更容易引起人们的注意和兴趣。

三、大数据背景下英语教学的创新策略

大数据背景下，微课、慕课、翻转课堂等教学方式在全球普及。新形势下，教师在英语教学中要不断创新教学手段和教学方法，充分利用互联网交互平台

开展教学，促使学生快速提高学习成绩。具体来讲，应从以下几方面创新和改进教学：

（一）创建自主学习平台，促进学生自主学习

大数据背景下，英语教学不再局限于课堂上教师的讲解，提高学生综合运用英语的能力和自主学习能力成为英语课程教学的主要目标。为了适应新形势，高校应加强英语自主学习平台建设。英语自主学习平台应包括课程学习系统、听力测试系统、口语训练系统、师生交互系统等，这些系统不但要有相应的学习资源供学生根据自己的兴趣和需求自由地选择，还应具有测试功能和测试成绩记录功能。这样，借助自主学习平台，学生可以将学习计划上传至网上征求老师的意见，以充分提高学习效率；可以实现知识学习和资料查询，及时检测自己的学习效果，并通过检测结果明确自己的努力方向；可以自由支配听说和读写练习时间，充分利用系统提供的丰富的课外资源开展个性化学习。借助自主学习平台，教师可以向学生推荐学习网站和常用学习软件，了解和掌握学生的学习情况，分析学生的学习行为，及时指出学生学习方法、学习态度等方面的不足。

（二）更新教学理念，注重激发学生的学习兴趣

在传统的英语教学中，由于教学班人数多，更正语音、批改作文等往往耗费教师大量的精力，难以取得良好的效果。在当前的大数据时代，这些问题迎刃而解。例如，以往学生记单词是依靠单纯背单词书，而大数据背景下借助手机 App 可以有效提高记忆单词的效率，且很多在线工具将背单词与闯关类小游戏联系在一起，真正做到了寓教于乐，因此吸引了众多学生的眼球。再如，很多网站都建立了英语语音和英语在线翻译系统，甚至在线英语作文批改也成为现实，这为教师的教学和学生的学习提供了极大的便利。公共英语学习网站和学校的英语自主学习平台，大多能为学生的英语作文提供修改意见，使得学生可以通过不断的修改获得满意的成绩。这种作文批改和反馈形式的改变，可以让学生和教师从书本中解脱出来，也使教师和学生充分领略了大数据的魅力。可见，在当前的英语教学中，教师必须及时改变教学方式，积极应用新的软件

和工具平台开展教学，否则，难以激发学生的学习兴趣，更难以充分提高教学效果。借助软件和工具平台开展英语教学，要求教师从知识的传授者转变为学生学习的指导者和帮助者，积极与学生开展网络交流，及时解决学生遇到的疑难问题。

（三）更新知识，提高信息处理能力

信息技术的快速更新换代，为英语教学提供了大量的平台和工具，而网络上的平台和工具各具特色，功能也不尽相同。可见，教师应在不断更新知识的基础上，全面了解各网络平台和工具的优势与不足之处，从而为学生提供科学合理的参考意见，否则可能会误导学生。英语教师在了解信息技术特点的基础上，抓住教学规律，才能提高教学效率。例如，在我国传统的教学评价体系中，过程评价和多元化评价是最薄弱的一个环节，而网络英语自主学习平台的测试功能和测试成绩记录功能，不但能够激发学生在线学习的积极性，还能够对英语课程的过程评价提供数据支持，当然，这要求教师十分熟悉英语自主学习平台的功能和操作方法。

第六章 慕课背景下大学英语翻转课堂师生交互研究

翻转课堂作为一种先学后教、以评促教、以学定教的教学模式，改变了传统课堂的教学结构，使学生不再只是简单地、机械地接收教师的知识传授，教师也不再需要对同一个知识点进行多次重复讲授。它让学生在课前利用教师制作的微视频进行自主学习，并完成相应的任务单，在这个过程中实现知识的传授。在课堂上，师生通过交互完成一系列的问题解决活动，促进学生知识内化。在整个过程中，学生成为学习的主体，把握自己的学习步调，对自己的学习负责，而教师成为学生学习的指导者、促进者。翻转课堂教学模式为学生提供了主动学习的机会和条件，为教师有针对性的教奠定了基础，同时也为师生交互提供了更多的时间和空间。通过课前师生交互准备、课堂师生交互行为、交互内容以及交互环境等方面对翻转课堂中的师生交互进行研究，以此了解翻转课堂师生交互的现状，并对现状中存在的问题进行梳理，构建翻转课堂师生交互模型，并提出解决师生交互问题的策略，促进翻转课堂中师生更好地交互，同时也增强翻转课堂实施的效果。

第一节 翻转课堂的相关概念

翻转课堂，自2011年被加拿大评为影响教学的重大技术变革以来，在全球掀起了一股热潮。国内各地区依据自身条件进行了本土化的尝试，从已有的案例看，翻转课堂有不同的呈现形态。与传统教学相比，翻转课堂改变了已有的教学结构，形成先学后教的模式。这种教学模式使教师不再对同一个知识点进行重复讲授，学生不再只听不想，课堂活动不再仅是讲授知识，更多的是知识的应用。在学生自主学习、师生合作探究解决问题的过程中，师生的地位和作用都有了一定程度的变化，教师开始逐步适应信息时代下的新角色，不再是课堂的掌控者，而是学生学习的引导者、促进者，课堂活动的组织者、管理者。学生也开始成为学习中的思考者，而不是知识的被动接受者。翻转课堂作为一种新的教学模式，给学生提供自主学习的时间和空间，为师生交互奠定了基础。

一、翻转课堂

翻转课堂是一种教师依据教学目标将教学内容制作成视频或文本资源，传递给学生，学生利用一定的时间，按照自己的步调进行学习，并解决一系列问题，在此基础上开展师生交互活动，促使学生学习过程中的问题得到解决的教学模式。它是一种信息技术环境下的教学变革，是利用现代教育技术营造学习环境，促进学生课外自主学习，在课堂上展开问题解决活动的混合式教学模式。借助计算机和网络技术，翻转课堂前期利用教学视频把知识传授的过程放在课外，让学生按照自己的步调进行自学；课堂上，教师和学生共同解决问题来实现知识的内化。翻转课堂是一种将传统教学中教师的传授与学生的内化两个环节颠倒的教学模式。从其本质来说，它是一种先学后教的教学模式。学生利用各种资源进行自主学习，独立完成学习任务，然后与教师或同伴交互，最终实现教学目标。在交互的过程中，学生与同伴形成学习共同体，促成交流、分享的氛围，教师作为教学活动中的指导者，对学习者个体或群体进行及时有效的辅导。在先学后教的步骤中，学生的自主学习可以是在课下完成的，也可以是在课堂中实现，依据教学内容以及学生的特点，教师可以有不同的安排。在课堂中完成自学过程的，称为课上翻转，它更便于教师监控学生的自主学习过程，但受时间限制，不能完全实现个性化学习。与之相对应的是课下翻转，即学生在课下自由安排时间来进行自学，这种方式使学生能够更好地安排自己的学习过程，但对自主学习的过程，需要学生有较强的自制力。翻转课堂中教师的教不同于传统课堂中的教，它更是一种辅导、引导、指导。在师生互动完成教学活动的过程中，教师观察、倾听学生的行为，与之形成协作的关系，促使学生顺利内化教学内容。翻转课堂教学模式中的课堂是围绕着一系列的问题开展的活动，这些问题可以是习题式的，也可以是真实情境中的问题，教师将它们按照一定的顺序组织起来，形成与学生共同参与的活动。翻转课堂先学后教的教学次序突破了传统教学中的一个瓶颈，即学生发现或遇见学习中的困难，教师不在身边时，问题该怎样解决的情形。翻转课堂给学生提供自主时间去发现问题，同时又在课堂上为学生解决问题提供支架。在课堂上通过师生交互、生生交互将知识内化的难度进行分解，同时也将知识内化的次数增加，最终使学生获得知识。依据安德森和克拉沃尔对教育目标的修订，教育目标分为识记、理解、应用、分析、评价、创建。该教育目标分类可以从两个层级进行分析，一个是较低层级即浅层次学习，主要是对知识的简单认识、记忆、理解；另一个层级是深度学习，是对知识的应用及创造过程。翻转课堂是指向深度学习的教学模式，它是学生自主进行浅层次学习之后，在课堂上与师生完成问题解决，通过活动参与和完成任务达成知识内化，对知识本身的关注逐渐转移到知识的应用、问题的解决，学生的被动状态逐渐转变成主动状态。在交互的过程中逐步加深理解，对学习策略和学习目的进行有效的反思，实现深度学习。翻转课堂教学模式下的课堂是以学定教的课堂，教师在对学生自学效果有所了解的基础上进行教学设计，在学生的最近发展区中解决问题，实现教学目标。

翻转课堂教学模式不同于传统课堂，许多学者对其教学实施模型提出了不同的见解。最经典的是美国富兰克林学院教授基于多年应用研究，创造性地构建了翻转课堂实施的结构模型。这是一种常见的翻转课堂应用模式，它将翻转课堂分为课前课后两个阶段，课前教师准备微视频等学习资料，学生观看微视频并完成相应的任务单。课堂分为课堂检测、问题解决、知识总结，部分是以师生互动形式进行的问题解决过程，这是促进学生知识内化的主要手段。翻转课堂的结构模型为实践者提供了清晰的实施步骤，它着重强调了教师和学生在课前与课中所要完成的教学任务。

张金磊等学者在建构主义学习理论、系统化教学设计理论的指导下，深化翻转课堂的内涵，对翻转课堂结构模型进行了本土化的改造，构建了全新的课堂教学模型。该教学模型强调了信息技术的作用、学习环境的构建，同时细化了课堂活动中学生的学习方式。信息技术在翻转课堂中的作用一方面是营造新的学习环境，促使师生交流；另一方面是通过开展探究学习活动来改变旧的学习环境，激发学生交流的兴趣，促进知识内化的有效实现。课堂活动围绕确定的问题开展，具体的问题不仅包括学生自学中的疑问，还包括促进学生能力提升的相关问题。翻转课堂是教师的教和学生的学共同组成的双向交互过程，桑新民等学者从"太极学堂"概念出发，将教学过程、教育目标融入其中，提出了翻转课堂太极式模型。模型将翻转课堂分为课下时间、课上时间。课下时间完成的任务是学生对知识的记忆理解，课堂上主要让学生完成知识的应用、评价等过程。在教学准备中，教师要准备优质的教学微视频，学生对微视频进行学习，提出自己的疑问或学习心得。师生不仅要完成对知识的学习任务，同时还要将学生的学习结果进行整理，作为教学准备的一部分，为课堂知识的应用奠定问题基础。

祝智庭教授等在对翻转课堂究竟翻转了什么的问题的阐释中，指出翻转课堂改变了传统课堂讲解、练习、评阅的教学结构，将教学主结构转为学、测、研。学生在任务单的指引下进行自学，微视频提供助学手段，方便学生调控学习步调，同时培养思考的习惯。通过在线练习的形式对自学进行检测，形成测练一体化，以评促学。在课堂中师生一起研究疑问，通过各种交互活动将重难点进行——突破，学生对知识技能进行同化、顺应，形成自己的认知结构。

从翻转课堂的内涵及应用模型中，可以看出翻转课堂是一种先学后教、以评促学、以学定教的新的教学模式，在改变传统教学环节的过程中，师生的地位角色发生了改变，教师不再是课堂话语权的控制者，而是作为学生学习的帮助者、支持者，课堂活动的组织者、引导者。学生有了自主学习的时间，有了主动提问、分享想法、展示作品的机会。学生由被动的学习接受者逐渐转为积极的主动学习者。翻转课堂教学模式体现了以学生为主体的人本主义教学理念，利用信息技术让教师从体力劳动中解救出来，使得人机劳动分工。翻转课堂也是一种线上、线下混合，课前、课堂混合的教学模式。在信息技术的支持下，师生合理利用有效资源，开展多种交互活动，使学生完成深度学习。

二、教学活动中的交互

交互起源于计算机科学，又在社会学中得到发展。交互可以理解为交流、互动，是两个主体在信息的推动下，相互作用，相互影响。交互的内涵包含互动，互动是指主体间的相互运动，互动的主体一般指同类事物，如教师和学生、家长和教师等。交互的含义更广泛一些，它的主体没有限定，最常见的是人机交互。从交互的内涵中，可以看出它是主体间的往返运动，交互主体在发出信息之后，会收到另外主体的反应，强调主体双方的你来我往。其次，交互会使主体间形成一种关系，同时主体间的关系又会影响交互，即交互主体关系是相互联系、相互促进的。最后，交互是一种过程。在过程中，交互主体发生交互行为，形成交互关系，完成一系列任务，实现交互目的。

在教学活动中，交互是教学主体间以教学内容为中心，借助一定的技术形成的直接或间接的相互作用。教学活动中的交互一般包含师生、生生和师生与教学资源的交互。在信息化环境中，教学活动中的交互还包含师生与技术的交互。这些都是以教师、学生为主体的交互，统称为师生交互。师生交互，是教师的言语、行为动作以及神态等传递教学内容，学生接收信息并做出反应，获得知识的过程。师生交互，是教师与学生间的相互作用，包含直接作用和间接作用，即师生交互不仅有教师和学生间的直接交互，如师生对话；还有师生间的间接交互：教师与信息技术间的交互、学生与信息技术间的交互。它们都是围绕着教学、在媒介的支持下开展的交互活动。

从传播学的角度来看，师生交互是教师、学生在信息流中的相互作用，具体而言就是教师、学生作为信息的两端，不断输入、输出信息的过程。在以信息为中心的作用中，师生不断地对信息进行整合，形成自己的信息群。从社会学的角度来看，师生交互属于师生间的人际交往，在交互的过程中，师生对彼此有更清晰更深刻的认识，也能更加理解对方，形成一定的师生关系。从教育学角度来看，师生交互是在教学环境下，教师和学生通过各种媒介进行的以教学内容为中心，并指向教学目标的一系列活动过程。

师生交互按照不同的分类标准有不同的交互类别，根据交互主体可以划分为师班、师组、师个、生班、生组、生个等，按交互层次又可以分为操作交互、信息交互、资源交互。从交互主体性表现可以将师生交互分为以教师为主体的师生交互、以学生为主体的师生交互以及师生并重的交互。教师为主体的师生交互主要存在于讲授型课堂中，以教师讲授为主，在讲授的过程，教师会有提问，学生处于被动状态，做出回应。整个课堂几乎没有学生同伴间的交流。教师会对学生个体有要求，学生个体也是被动地进行反馈。以学生为主体的师生交互出现在探究类课堂中，是以学为主的教学设计理念下的师生交互。学生处于积极探索、认真思考的氛围中，小组合作解决问题，解决不了的能够主动向教师提出来，教师在学生理解的基础上进行指导，在交互过程中，教师的作用就是组织者、引导者，时刻关注学生学习过程中出现的绊脚石，并及时给予帮助。还有一种师生交互是师生并重的交互，指的是课堂中教师的权威受到一定限制，学生的主体性有所凸显。教师在讲授知识的过程中，学生会主动吸收，通过问题的解决来消化知识。在消化的过程中，学生会立足自己的问题与同伴或教师交互，使自己能够清楚地理解教学知识，同时掌握解决问题的方法。

师生交互具有几个基本特点：一是师生交互是基于教学资源的交互。师生交互产生于教学活动，而教学活动是以教学内容为中心的，即师生交互是基于教学资源完成明确目的的过程。教师和学生是在教育过程中存在的主体，主体间有明确的交互主题——教学内容。这里的教学内容是一种广泛的说法，它包含教育的有关德智体美劳等促进学生全面发展的相关内容。教师和学生通过自我的认知建构将教学内容吸收，在一系列问题解决的过程中，彼此分享、交流，逐步提高认知能力。师生的认知方式有差异，对于交互主题即教学资源的形式应该多方面考究，以便促进师生更好的交互。二是在师生交互中以言语交互为主。教学环境下发生的师生交互行为多以言语为主，除此之外还有行动、神情、语气、姿态等形式。在师生交互中教师主要是组织、管理教学活动，对学生进行指导、提问或评价。据心理学调查研究，人际交往中，使用语言的频率最高，但对交互结果影响较大的是话语中包含的情感。教师的情感不仅表现在完整的话语中，也表现在言语中的语气或语调，这对学生也有着不能忽略的意蕴。学生的言语主要是在课堂中发表见解或对自己的展示进行说明。学生在教学过程中表现的小动作、眼神等也是很有价值的信息，可以帮助教师理解学生当时的心理状态，对促进师生交互有极大的帮助。三是师生交互有明确的目的。教师为实现一定的教学目标将课堂设计为一系列的活动，在活动中，师生发生交互。师生交互最终是为了实现教与学的目的：学生能够顺利掌握教学内容，身心得到全面发展。课堂中教师与班级、教师与小组、教师与学生个体等不同群体间的交互都是为了促进学生的认知和心理发展。学生通过与教师、同伴、自我的交互，实现自我表达、自我发展的目的。

师生交互的实现需要几个条件：交互的主体、交互的基础与条件，即交互的准备、交互的过程及交互的结果。这四个方面促成了师生交互的结构。交互的主体是交互中的教师与学生。交互的基础与条件是师生双方有交互的意愿，并具备一定的知识基础，即对教学内容有初步的认知，否则交互难以进行或维持。交互的过程是指师生交互行为的维持。交互的结果是师生双方对交互行为的评价，交互效果直接影响师生的心理状态。师生交互结构是师生交互能够实现的要素，在课堂实践中，也是师生交互的必要条件，同时对师生交互的效果有一定的影响。在师生交互中起着重要作用的因素是交互内容、交互环境、交互形式及交互行为。交互内容是引发学生兴趣、讨论、质疑的问题，交互内容的设计影响着学生的交互行为。交互环境是对交互过程起支配作用的一个交互因素。在师生交互中，交互环境是促进或消退师生交互行为的因素的集合。交互行为是交互主体在交互过程中的外在表现，包括行为、言语、神态等。

三、翻转课堂师生交互

　　翻转课堂中的师生交互是指在翻转课堂模式下发生的师生间的相互作用。翻转课堂的实施包含三个阶段：学生自主学习阶段，发生在课前；问题解决阶段，发生在课堂；问题整理、知识总结阶段，发生在课后。在翻转课堂实施的过程中，形成不同层次的师生交互：直觉式、反思式、生成式和沉浸式交互。学生观看微视频资源时，通过教师的声音、画面获得师生间接交互，在感知觉的作用下，对知识有了初步的认识。直觉式交互激发学生的学习兴趣，对学生是起一定的引导作用，让学生获得自主学习的体验。学生完成对知识的初步理解之后，进行一系列的问题解决，解决的过程遇到难题或是疑惑，与教师或同伴进行交互，分析自己的思路或其他人的建议，对知识或学习过程进行反思，形成反思性交互。这是对直觉交互的提升，在反思式交互中，学生对知识进行思考，在认知结构的发展中，发生同化或顺应。在课堂教学中，教师与学生通过结构化的教学内容，不断地对问题进行分析、解答，将教学难点逐步消化，形成生成式交互。在这个过程，师生交互的过程和结果是在彼此的发展中完成的，具有不可控性，也是学生思维发展的重要阶段。生成式交互是学生在对知识有过思考的前提下实现的，学生对知识有深层次的理解，能够与同伴进行多层次多方位的交流、分享，丰富知识的理解；同时能够与教师探讨解决方法或知识应用层次的问题，而不只是停留在知识的理解层面。在学生对知识的理解及应用形成自己认知结构时，通过建构虚拟现实环境，让学生融入情境中，解决问题，形成一种沉浸式交互。这是翻转课堂中的高层次交互，学生具备自主解决问题的知识储备、专注力及激情，教师作为学生的协助者，共同将教学目标顺利实现。

　　交互平台、交互软件等交互工具为翻转课堂师生交互提供了支持性条件，对师生交互有一定程度的影响。从国内翻转课堂的实施现状来看，主要的交互平台有智慧教学平台、阳光微课平台、论坛等，交互软件有手机微信等，除此之外还有平板等学习终端。翻转课堂师生交互在交互平台或交互终端的支持下，教师对学生的学习过程可以达到全面的监控效果。在交互终端的支持下，教师可以看到每个学生的学习过程，对于学生学习中的困难可以有直观的感知，对个别学生的学习结果也可以看到。这些都为翻转课堂师生交互提供了必要的准备，是实现个性化学习的技术支持。在交互平台、交互终端中，师生形成知己知彼的交互，学生不再是单独的学习主体，而是有同伴一直伴随左右。学生不仅可以在学习过程中了解自己在班集体中的位置，而且可以随时随地了解同伴的学习结果。教师可以对学生的学习过程进行评价，学生之间也可以互相评价，在互评的过程中，促进学生的学习主动性和积极性。在信息技术的支持下，翻转课堂师生交互更全面、更及时、更有效。

翻转课堂师生交互的内容有多种形式，如习题、案例、项目、学生作品等。与传统课堂师生交互相比，具有多种类多层次的特点。翻转课堂师生交互的每一阶段都是建立在学生的学习主体角色之上的，师生交互的目的也都是为解决学生学习中的问题开展的。从知识理解到知识应用再到方法掌握，让学生得到自我发展。翻转课堂师生交互体现师生角色的改变，教师为学生的学习提供资源支持、技术支持、环境支持，学生自主调控学习步调，实现主体性特点。

第二节 翻转课堂师生交互现状分析

翻转课堂师生交互现状要求我们从师生交互准备、交互内容、交互行为、交互环境、交互效果这几个方面分析翻转课堂中师生交互的特点，并从中发现师生交互存在的问题。

一、翻转课堂师生交互的特点

翻转课堂教学模式的实施包括课前和课中两个阶段。课前教师制作微视频，制定任务单，学生利用这些资源进行自主学习。课堂上，师生围绕自学结果进行一系列的问题解决。在这两个阶段都有师生交互发生，课前活动是课堂交互的准备，课堂师生交互又需要交互主体、交互工具、交互内容等的协调，针对以上内容，进行翻转课堂师生交互过程中特点分析。

（一）师生交互准备

师生交互的准备是指师生对交互效果的心理期待、对交互知识的储备及对交互的兴趣等。翻转课堂的实施分为学生自学过程和师生交互过程，这里分析的主要内容是学生自学过程，包括教师提供的微视频的质量、任务单的设计、学生学习的结果及教师对学生学习结果的掌握情况等。通过对学生进行调查，分析学生使用的微视频的质量、学生自主学习的效果及教师对学生自学结果的情况，从而发现师生交互准备中交互资源、交互工具等方面的特点。

1. 微课质量评价

微视频是学生自主学习的学习资源，是对学生学习兴趣的激发，也是对学生学习思考、学会提问的引导。从教学活动的角度来说，微视频是促进学生完成自主学习的有力支持，从微课概念的提出至今，微视频的制作方法等已经很普遍，从对学生的调查中发现，超过一半的学生认为语言流畅、语速适宜，在重点突出、易于理解、操作简易等几个维度中，学生持同意观点的占43.8%~45.21%，比语言、语速方面的效果略差。同时有2.74%的调查对象认为微视频的画面不清晰，有9.46%的调查对象认为微视频中留给学生思考的设计不好，是微视频质量中反对比率最大的一项。从学生普遍认可的微视频的质量标准中，可以看出用于翻转课堂的微视频具有明显的知识传递的功能，教师对微视频中的语言表达、声音图像结合的展示等方面都有了清晰的认识，并在实践中做得较好，这也是传统课堂中教师具备的基本素养。在微视频中，教师讲授的逻辑性、画面的清晰度及关卡的设计还有待提高。教师讲授的逻辑性与学生的理解效果相关，画面的清晰度直接影响学生自学的情绪，关卡的设计是为学生学会思考提供时间，是促进学生归纳知识、应用知识的指导。在微视频的制作中，需要对这些方面进行关注并不断改善。

2. 自主学习效果

学生在观看微视频之后，有 60.81% 的学生能够归纳出主要内容，4.05% 的学生不能归纳出主要内容；有 51.35% 的学生能够完成任务，9.46% 的学生不能独立完成作业。从结果来看，只有一半以上的学生在看过微视频之后能够对教学内容进行初步掌握。这说明课前学生的准备并不是很充分，对于不能归纳出主要内容的学生，可能对微视频中的讲解还不是很理解，这不利于课堂师生交互的开展。与微视频质量评价相比较，学生对视频质量维度中的评价（持同意观点以及非常同意观点的占 70% 以上）比自主学习结果稍高，这说明学生的自学方法可能还存在一定的问题，如学生可能不善于归纳总结知识、对知识的应用方法可能还存在困惑等。不能独立解决的作业为课堂交互提供了交互内容，围绕这些不能独立完成的任务，可以展开有针对性的师生交互，让学生在问题解决的过程中实现知识的内化。这说明课前任务单中的问题设计的难易程度一般，同时也为开展课堂师生交互活动提供了必要性。依据布鲁姆教学目标分类，从学生自主学习的结果中，可以看出学生对知识的理解程度一般，课前知识传授的结果并不是很好。翻转课堂为学生提供了自主学习的时间和空间，同时让学生把握学习步调，这种完成知识传授的方式与传统课堂中教师面对面的传授带来的效果可能还存在一定的差距，教师有必要将面对面传授知识过程中的有效机制迁移到课前网络化学习过程中，从而促进学生进一步提高吸收知识的效果。

3. 交互工具

教师对学生学习结果的了解是教师进行教学设计的前提，也是课堂师生交互的准备。学生结束自主学习之后，教师要对其学习效果有所掌握，了解学生的困惑，引导其解决，这才是学生学习的帮助者。在翻转课堂教学模式下，教师对学生课前学习结果的了解有很多方式：可以让学生将任务单的结果上传平台，也可以利用 QQ 或微信与学生进行交流获取相关信息，还可以通过课堂检测对其进行了解。观察课例中教师对学生的学习结果都有了解，了解途径有所差别，其中有三个课例是通过课堂检测的方式了解学生的学习结果，有两个课例是通过课前师生交互了解学生情况，其中一个是利用平台，学生将学习结果上传至平台，教师不仅可以看到学生上交作业的情况，同时对每个学生的作业质量也可以进行分析。除此之外，学生之间也有了交流的机会，在学生互评作业的过程中，增进对知识的理解，对教学内容中的重难点也有了初步的交流分析，教师可以对学生之间的交互进行评价，促进学生积极主动的交流。另一个是通过交互软件工具交互了解。还有一个课内翻转的课例，学生的学习过程是在教师的监控下完成的，教师对学生的学习进行时刻关注。课前检测的方式使学生的自主学习结果得到检验，在技术平台的支持下，师生交流得更及时、更全面。教师可以将学生的学习结果作为师生交互的内容，一位化学老师通过选取有代表性的学生答案放在课堂中，让学生共同来分析、评价，这也是促进学生知识内化的手段，也能更好地促进师生交互。

（二）师生交互行为

翻转课堂师生交互行为主要是课例中教师、学生的交互行为数量、比率的分析。从 6 个课例的观察结果中分析翻转课堂师生交互行为的种类、交互主体性特征、交互主体类别、学生参与度等方面的基本特点，同时对这 6 个课例中的交互行为进行比较，对不同学科不同环境下的师生交互的特点做具体分析，能够从中发现促进师生交互的一些因素。

1.交互类别

翻转课堂师生交互课堂观察表中列举了不同交互主体之间存在的 27 种交互行为，在课例进行观察记录后，分析不同科目、不同交互环境下师生交互类别特征。从观察结果中发现，交互种类最多的是化学课，交互种类有 23 种，其次是英语 21 种，其他学科 14 种。交互种类的数量是课堂交互形式的体现，交互形式多的课堂，对应的交互行为种类也较多。在化学课堂中，教师和学生的交互在各个层次都有发生，不同主体之间的交互在课堂中都有体现。地理课堂同样如此，教师在课堂中首先对学生自学进行检测，形成师班交互，然后将学习任务分配给小组，小组成员之间交流、分享，形成个组交互，接着是学生课堂展示，形成学生个体与班级的交互，再次是教师、学生对展示的评价，形成生生、师生间的交互。在不同主体间的交互中，实现对教学内容的多次消化，最终将课堂问题一一解决。对师生交互种类较少的英语课堂，课堂活动安排较单一，多是在听、说、读、写中开展教师与个体间的交互。在语言练习中，存在极少的生生交互。在大学英语课例中，教师和学生在交互终端的支持下，有明确的交互目标，即确定的交互问题，师生间多是对问题的直接讲授或是解决办法的分享。

不同形式不同科目的师生交互中，师班交互都占有很大比重，交互行为比率分布在47.18%~73.26%，接近一半，甚至更高。教师与班级的交互是传统课堂的最大特点，教师通过对学生群体的关注，完成知识的整体传授。翻转课堂中知识传授的过程应该在课前实现，课堂上教师和学生进行结构化问题的解决，在问题解决的过程中师班交互较多，在6个课例中，大学英语课例中应用了交互终端，教师与学生对问题解决的情况能够有清晰的认知，采用师班交互能够将学生的问题进行有针对性的解决。在大学英语课例中，师生在计算机房开展教学活动，学生的检测及练习直接上传到教师机，同时在投影中有显示，通过师班交互也可以有针对性地解决问题。对于以上两个课例，师班交互的数量对学生的个别化学习也是一种帮助。但对其他几个课例来说，教师对班级整体的关注较高不利于学生的个别化指导。

在师生交互中，课例表现出来的结果是师个交互比率最大的发生在大学英语课例中的42.42%，其次是大学其他学科所占比率41.75%，师个比率最少的占所有交互行为的16.67%。其他的师个交互所占比率在19%~25.23%。相比师班交互，所占比率都较低。这说明师生交互的侧重点还没有转移，翻转课堂的实施是有形但没实效。翻转课堂对教学的实质性的影响，在实际教学中还没有真正体现。在教师与学生个体的交互中，主要的交互行为是提问与回答，在化学课例中，出现了学生主动提问的行为，占所有交互行为的0.9%。在师个交互中，比率较大的是大学英语及其他学科，由于学生对象容易受外界评价影响的特点，教师对学生的评价较多，激发学生课堂中积极踊跃地回答问题。在师班交互中，教师的交互行为包括组织、引导、评价反馈、协商讨论、提问等，在师个交互中主要是辅导答疑、评价反馈、协商讨论、请求回应等交互行为。教师表现出与班级的交互多于与个体的交互,从翻转课堂的实施结果中,可以看出在教学模式发生改变之后,教师对学生个体的关注还不是很明显,还不能实现学生个性化学习需要的满足。

2. 师生角色

翻转课堂中教师是学生学习的指导者、协助者,是课堂活动的组织者。教师对课堂的控制有所降低,学生课前进行自主学习,课堂中可以进行多方位、多层次的交流,有了更多的学习主动权。从课堂师生的交互行为中,看师生的主体地位表现,首先是以教师为第一交互主体的交互行为与学生是第一交互主体的交互行为的数量差别很大,前者所占比率分布在80%~98%,后者在2%~20%。在实际的教学中,教师对课堂的控制力度还是较强。在课前学习、学生完成知识接收之后,在课堂上并没有表现出很明显的主体地位。在交互类别少的课堂上,学生的主体地位更没有什么表现。在交互种类较多的课堂上,学生主体性表现的机会比其他课堂多,说明课堂师生交互种类与学生主体性表现有一定的相关性。

师生交互中教师与学生的主体性特点差距较大,从具体的交互行为来说,教师的讲授仍然占着举足轻重的地位,观察数据的结果呈现,教师讲授所占的比重分布在16.5%~33.5%,从整体上比重并不是很大,但与其他交互行为相比,明显高于其他。从教师的交互行为中,可以看出教师作为知识的传授者的角色还依然存在,对于课堂的组织、学生学习的引导、辅导、协助的角色还在转变的过程中,还没有呈现出明显的角色转换。学生作为学习的主体,表现出的主动交互的行为还不是很明显。在对教师的访谈过程中,有教师说到因为没有对学生的自学过程进行完整监督,担心学生可能没有真正去自学或者学生对知识的理解不到位,通过在课堂上对知识进行重新讲解,让学生对知识进行学习,从这里也可以找出教师讲授行为过多的原因。

师生角色的特点不仅可以从第一交互主体的交互行为数量中体现,同时也可以从教师提问和学生提问的量化比较中看出来。教师提问是对学生学习效果的及时检测，学生一般都处于被动的地位。学生提问是对知识的疑问，表现出一定的学习主动性，是学习主体性特点的体现。在观察数据分析中，发现学生提问只是出现在极少的情况下，如地理课例中占有5.64%、化学课例中占0.9%，这算是很大的比重了，其他四个课例中没有学生主动提问的情况发生。教师提问在各个课例中都有出现，所占比率在13.59%~32.66%，明显高于学生提问比率。从数据结果来看，有可能与交互活动的设计有关，地理课堂中，教师让学生围绕着教学内容解决实际情境的问题，带动了学生学习的主动性、积极性，表现出较好的主体性特点。对于出现这种现象的原因，推测有可能是学生的自主学习情况不好，对知识没有深入地了解，或者是学生没有养成思考提问的习惯，也有可能是教师的教学活动设计中没有给学生提问做出引导或支持。

3. 师生交流

师生是以学习为中心构建的人际关系，当学生与教师的关系融洽时，彼此间谈论的话题可能不只是学习，可能会涉及生活等。师生间交流话题的数量或是交流的次数可以作为一个判断师生关系情况的依据。课堂师生围绕教学内容进行交互是否会促进师生间更多的交流话题或交流次数，调查结果显示，对此持消极态度的比率并不少，不同意或非常不同意增加交流次数的比率是8.22%，不同意或非常不同意增加交流话题的比率是9.62%。相比赞同的比率较低，说明大部分学生还是认可翻转课堂中的师生交互使师生间交流增多了。从反对比率中看师生交互情况，有一部分学生认为自己与教师的交流没有改变，意味着教师对学生的关注还有待提高。同时，翻转课堂要实现学生深层次的学习，满足学生的个性化需求，还需要师生交互层次的深入，范围也要尽量遍布班级每个学生。

4. 交互效果

翻转课堂中课堂师生交互行为观察表内容基本确定之后，对交互行为教学行为的有效性进行分析的研究中，影响最大的是人们对教师言语行为的有效性研究，它与教育领域中的学者对教师行为的有效性进行鉴定，得出教师无效性行为分辨表,他们判断行为有效还是无效的方法是过程—结果法。这种方法的具体操作是,首先将教学活动中的教学行为作为自变量,通过与教学效果因变量之间建立联系,能产生好的教学效果的行为就是有效的教学行为。研究中以教师作为研究的主体,重点观察教师的教学行为与效果之间的关系。研究将学生问题的解决情况作为教学效果进行分析。综合各方面的考虑,研究中师生行为交互的效果主要从学生的交互参与度、学生对教师交互行为的评价、学生问题解决的情况、问题解决思路的启发等结果中得以体现。用参与教师提问或作品展示的学生人数与班集体学生总数的比作为学生参与度的量化指标。在课例观察的过程中,记录学生参与人数做出数据比较,案例中学生参与比率都在45%以下。其中,大学的课例中,学生参与度较低,大概为20%。参与的主要表现是积极回答问题,而高年级的学生更热衷分享自己的观点,或是展示自己的作品并加以解释,高年级学生的参与深度更高,较低的也有33%,高的达到44%。在课堂活动丰富或者有交互终端支持的环境中,学生的参与度较高,这为促进翻转课堂中师生交互提供了一个视角。交互内容的难易程度也有可能对学生的参与度产生影响,在生物课例中,交互内容是旧知识,重在对学生能力的提高,但在课堂上,学生的参与度并不高,所占比率为33%,是高年级学科中所占比率最少的。

师生交互是围绕需要解决的问题开展的,对问题解决的结果可以在一定程度上反映师生交互的效果。翻转课堂师生交互是以问题为中心,最终目的是将问题解决。从问卷结果中,发现在师生交互结束之后,57.54%的对象认为自己的问题得到了解决,69.86%的对象认为交互之后有了问题解决的思路,6.76%的调查对象认为自己还存在一些疑问,5.41%的对象认为师生交互并没有让自己获得问题解决的思路。师生交互对一半稍多的学生起到了作用,但还有一部分学生没有得到应该实现的交互结果,反映了师生交互的深度还有待提高或者对学生个体的关注还有待增进,也可能是师生交互的侧重点还在知识的传授过程,对问题解决过程关注还不够,也有可能是教师对学生的问题没有做到一一了解,在课堂中忽略了部分学生的问题。

学生对课堂中教师的交互行为的评价结果中，学生认为教师在交互过程中，提问之后留有足够的时间进行思考、讲授有针对性、能够熟练操作多媒体、提问有启发性、能够将自己带进交互中几个方面评价较好，持同意观点的比率分别是 56.6%、55.41%、52.7%、50%、50%。学生对课堂中教师回应的及时性及课堂活动设计与自己疑问的关联度两个方面认为不太理想，支持率只有 35.14%。教师对学生的及时回应是对学生学习状态的激发和维持，课堂交互问题是以学生存在的疑问构成的，这是翻转课堂实施中的必要因素。调查结果说明教师对课堂交互的准备不够充分，对学生的疑问了解得不够，同时在课堂交互中教师的指导者、促进者作用认识还不是很到位。

师生交互形成的氛围也可以从一定层面说明师生交互的效果，调查对象中 61.62% 的学生评价师生交互的课堂氛围不错，2.7% 的学生认为课堂氛围不好。翻转课堂教学模式下的课堂气氛是课堂中某些占优势的态度和情感所形成的综合状态，这种状态一般与教师的领导风格、教师对学生的期望及教师的情绪状态有关。教师的领导方式一般有三种表现：放任型、集权型、民主型。民主型的领导风格有利于良好的课堂氛围形成。教师对学生的期望是通过四种途径影响课堂气氛的，即接受、反馈、输入、输出。教师对学生意见的接受程度、对不同期望的学生提供反馈的不同、对不同期望的学生提供学习材料的不同以及对学生的耐心程度等都会影响课堂气氛。

（三）师生交互内容

师生交互内容主要是从开展翻转课堂的教学内容在课程中的地位、交互内容和交互问题的难易程度、交互内容在教学内容中的地位如何、是否是重难点、交互问题的结构化程度、交互目标的明确程度等方面进行分析。

从观察课例的主要教学内容分析教师开展翻转课堂时，对教学内容的选择特点，基本都是选择了课程中的重难点。翻转课堂让学生对教学重难点有了自学、协作学习的体验，分解学习难度，让学生更好地掌握教学内容。对于课例中的大学英语课，教师采用课内翻转的形式，让大一的学生掌握大二的知识，这是对翻转课堂模式的深层次应用，翻转课堂使学生的学习能力得以展现。在翻转课堂模式下，教师要敢于给学生自主的权利，让学生自己控制学习步调，同时也是对学生责任心的培养。

用于翻转课堂的教学内容一般是教学中的重难点，教师对此基本达成共识，除此之外，陈述性内容较多的，也可以作为翻转课堂的教学内容。教学内容是翻转课堂中学生要掌握的全部内容，学生在自学过程中能够掌握一部分，剩下的需要在课堂师生交互中解决，对于交互内容的设计，从课例中可以看出，就交互内容而言，具有一定的结构化特点，交互内容是由浅入深的安排，由基础知识过渡到知识应用的过程。在翻转课堂的应用中，教师的教学设计合理，多数还是知识本身的学习，对知识融入情境的问题解决设计较少。

（四）师生交互环境

观察课例中师生交互的硬件环境都是在多媒体教室环境中，教师和学生的信息技术操作能够应对当下的学习。多媒体实验室和多媒体机房可以让学生有动手解决问题的体验。在交互白板的硬件环境中，学生可以直接在白板中将自己的答案进行书写，方便呈现学生完整原始的解题过程。在这三种硬件环境中，师生都与技术有交互，学生的课堂体验较丰富。在平板、机房等几个环境中，学生的课堂检测、练习结果都可以直接上传到多媒体计算机上，教师不仅可以看到学生的结果，而且可以通过学生拍照上传的方式，将学生的解题过程一览无余，对学生解决问题中的步骤或方法问题，可以清晰地看到：对学生的集体问题、个别问题都可以有针对性地进行解答。同时也可以从结果中挑选能力强的学生在课堂中演示，分享自己的思路。通过平台和交互终端的应用，教师对学生的课堂活动参与人数有量化认知，方便教师对学生的学习状态进行调整。

师生交互中，有小组活动的案例是两个：化学和地理课例，其他 4 个都无小组活动。小组是课堂上学生的小群体，是学生同伴组合的共同体。在小组合作中，学生处于较平等的心理状态，对问题的看法可能更乐于分享，同时，在小组成员能力不一的情况下，学生可以收获不同层次、不同角度的观点，对学生思维的发展有一定的作用。在信息技术环境下开展的教学注重学生的个性化发展，但合作意识、合作能力也是需要培养的。课堂中信息技术的应用不能使学生享受更多的思想交流，如何用信息技术促进学生之间的交互对学生的意义更大。

教师对师生交互的作用，主要表现在对师生交互的引导，也就是教师对学生交互行为起的正面影响，包含接受情感、鼓励表扬、采纳意见等行为。观察结果显示，教师的正面行为在所有交互行为中所占的比重有所差别，在大学英语课例中教师的积极鼓励占30.27%，是比重最大的一个。从学情分析中，可以看出大学生适合这种多重夸奖、表扬的课堂引导。对于高年级的学生，教师的积极鼓励没有其他阶段表现得那么明显。教师时学生引导力度还不是很高，其他课例中只有14.31%，英语课例占到25%，在课堂中教师对学生的表现还没有做到对应评价的程度。在课堂交互中，教师对教学活动的进展一直有关注，但对学生的关注、对学生课堂表现的关注度不是很高。

学生对交互的影响主要是从学生与同伴间的合作、讨论评价等交互行为中体现。学生之间的影响可以激发学生学习的动力，同时提高学生对学习结果的期待。观察结果与小组分类情况基本一致，在小组活动的参与中，学生之间的影响更容易表现，在有分组活动的交互中，学生之间相互影响、相互作用明显。如地理课堂中生生交互比率达19.01%，在化学课例中生生交互比率达29.73%。在没有小组合作的交互中表现得很不明显，分布在0.98%~4.52%。学生与座位邻近的同伴进行讨论、交流，对学生疑问的重新整理有帮助，在师生交互解决问题活动结束之后，与同桌或邻近座位的同伴再次进行交流，使学生能够顺畅地理清问题解决的思路。在翻转课堂中的问题解决过程，通过各种方式增进学生之间的交互，使学生彼此分享观点，进行思想的碰撞，发挥学习共同体的作用，将学生的学习主动性进行有效调动。合作学习不仅仅是一种常用的教学方法，而且也是促进学生身心发展，促进人际交流的一种方式。翻转课堂中对师生共同体、学生共同体的利用还不是很明显。

（五）访谈内容分析

在课堂观察、问卷调查结束之后，对几位应用翻转课堂常态化形式教学的教师进行有关翻转课堂师生交互的调查。教师在不同的学校，为了方便起见，研究采用与教师线上交流的方式进行访谈，访谈的时间不太集中，但对访谈提纲中的内容基本都有涉及。访谈的目的主要是为了了解翻转课堂师生交互时应该注意的问题，同时也能提取出促进师生交互的策略。对翻转课堂师生交互访谈内容进行整理，主要内容呈现如下：

对于影响翻转课堂师生交互的影响因素，几位老师有意见一致的观点也有不一样的观点，有四位老师都提到了学生的自学，其他老师还提到了课堂活动的形式、学生对课堂学习结果的预期、学生对教师或科目本身的兴趣、学生所处的学段等因素。学生自学情况好的情况下，在师生交互的过程中会有更强烈的表达、展示欲望。在一点都不懂知识的时候，会处于消极状态，等待教师的讲解。

对促进学生自主学习的策略，老师的做法一般都是课堂检测，对其评价作为对学生自学的督促，还有通过上交作业，保证学生都进行了自学。在大学，有老师通过与校长沟通，将学生的自学放在暑期或假期，然后对学生进行考试，公布成绩，让学生了解到自己不进行自学的结果，同时会对家长做以说明，促使家长意识到监督的作用。为了防止学生在做微课的习题中遇到困难而停止学习，学校在互动平台上将每道题的答案都以微课的形式展示出来，学生可以点击进行学习，同时也可以将习题进行收藏，在一段时间之后，教师会针对学生收藏的情况进行再次考试，通过这种方式对学生进行督促。

在课堂交互策略中，有老师说到课堂的及时反馈及有效的监控是需要关注的，在交互的过程中，可以采用将学生作业进行展示，引起学生注意，形成师生交互。在师生对学生作业进行评价的过程中，不仅有很好的交互，同时也将教学内容进行了再次理解。在课堂交互中，有三位教师说道：学生是课堂的主人，让学生自己动手、动脑、动嘴去解决问题，这是最有效的促进师生交互的方法。从教师访谈的内容中发现，教师还是习惯用传统的方式方法来促进师生交互，有一位教师提到了将信息技术引入课堂，如交互终端，可以随时看到学生成果，然后给学生讨论的时间，对学生之间的交互有很大帮助。

在如何激发学生课堂提问的访谈中，教师采用的是将课堂任务分配给小组，在小组展示结果的时候，留有几分钟时间让学生提问，每个人都可以提出与别人不一样的观点，同时也可以指出别人展示中的不足。让学生直接向教师提问，一般学生都不愿意提问，先让学生学会对同伴提问，学会思考之后，逐渐增加提问的胆量和数量。

课堂师生交互的目的是让学生学会知识的应用。教师采取的方式主要是将能力提升的习题或是与生活实际相关的问题抛给学生，让学生进行问题解决。在解决的过程中，教师会在思路上给予引导，具体的解决过程和结果让学生自己或小组完成。这是比较传统的做法，在新课标的教学目标下，教师也开始进行一些新的思考和尝试，有教师让学生从生活中找出知识的应用，并将如何应用做以全面的解释，这对学生的学习是一种重要的引导，对学生思维的发展也起到一定的作用。

从教师访谈结果中，可以看出教师在进行翻转课堂的实施中，对师生交互都有一定程度的关注，同时对课前学生的自学也特别注意，在课堂交互中，通过各种有效的措施对教学活动进行设计，针对学生的特点，尽量改变师生角色，促进师生交互。

二、翻转课堂师生交互的问题

翻转课堂师生交互中，交互准备过程中微视频制作基本满足学生需求，教师可以做到对学生自主学习的监控。同时，通过课堂检测对学生自学结果的过程进行了解，有交互平台支持的师生交互，教师对学生的自学结果了解得更全面。在交互行为中，翻转课堂师生交互种类较多，教师对师班交互和师个交互尤其重视。在交互过程中，师生角色、地位都在发生改变。翻转课堂基本都是在多媒体环境下开展的，也会有电子白板、平板等设备的应用。从交互效果来看，教师能够提出启发性问题，同时能够有针对性地讲解问题。在交互活动中，学生能够获得启发，想到问题解决的思路。翻转课堂师生交互的研究中，发现师生交互还存在一些需要改进的地方。

一是在微视频中教师讲授的逻辑性不足，缺乏引发学生思考的设计。微视频是促进学生对知识理解的工具，也是对学生自主学习的引导，同时也是满足学生个性化学习需求的方式。微视频中教师讲授的逻辑性对学生进行知识的归纳、问题的解决都有一定程度的影响。一讲到底的微视频不利于学生对知识进行思考，形成自己的认知结构，也不利于学生对知识应用方法的掌握。微视频中的不足对学生的自学效果产生一定的影响，不利于课堂师生交互的开展，对知识的内化过程也有负面影响。

二是课堂交互内容与学生自主学习结果之间的联系不够紧密。在翻转课堂的实施中，课前与课中有不可分割的联系，课堂师生交互内容具有一定的结构性特点，但与课前学生的学习结果联系不大，体现在课堂中的交互内容与学生问题之间联系不够紧密。学生认为教师开展的交互活动没有针对性，在课堂上容易产生消极情绪。对学生自学的结果，教师一般利用课前检测的方式来了解，这是一种常用的方式，简单容易实现，但学生学习的过程在检测中没有反映，同时检测结果只是学习结果的部分展示，并不能完全反映学生是否真正实现了自主学习。

三是课堂师生交互中，教师对课堂的控制较强，学生的主体地位表现不明显。翻转课堂给了学生自主学习的机会，让学生通过自己的认知结构对知识进行理解，课堂上，通过师生交互将不能理解或不能解决的问题进行逐一解决。从理论上说，在课堂中，学生应该有较多的交互行为，如分享、表达或提问。教师作为课堂活动的组织者、学生学习的促进者，为学生提供帮助，但在实际课堂中，教师依然有较多的讲授行为，对学生学习的引导较少，学生主动表达、分享或提问的行为也极少。

四是课堂师生交互中，学生之间的交互不足。以学生为主体的翻转课堂中，学生的活动或交互行为应该以多样化形式或内容进行展开，但在实际课堂中以教师为第一交互主体的行为占较大比重，而以学生为第一交互主体的师生交互较少，以师生、学生构成的共同体的利用在一定程度上也能够促进师生进行深层次的交互，在交互的过程中，学生将教学难点逐步消化，但在翻转课堂中学习共同体的构建很少见。

五是交互工具使用不足。信息技术对教学的促进，体现在对教学信息的呈现与分析中，翻转课堂师生交互中，硬件环境是促进交互的一种手段。在交互平台、交互终端的使用中，教师能够对学生的学习过程进行全方位的监控，对学生学习过程中的问题也能较全面地了解，为课堂师生交互提供了数据支持，方便教师对学生进行有针对性的回应。在交互平台和交互终端的应用下，学生可以随时看到自己和同伴的学习结果，从而激发学生学习的主动性，也能够促进学生之间形成竞争的关系。在常态化的翻转课堂实施中，交互平台的使用还不是很普遍，交互终端的使用更是不足。

第三节　翻转课堂师生交互模型研究

对翻转课堂师生交互的现状进行分析之后，针对交互过程中的因素，构建师生交互模型，同时对翻转课堂师生交互存在的问题也提出一些解决方案。

一、翻转课堂师生交互模型

翻转课堂中良好的师生交互发生在不同学生群体中，围绕着明确的活动任务或内容进行，展示出多样的交互形式。在交互过程中，教师的组织及评价反馈是不可或缺的行为，学生主要表现出展示、表达与同伴分享的行为。针对翻转课堂最常用的应用方式即课前自主学习，课堂解决问题，建立翻转课堂师生交互模型，促进翻转课堂师生良好交互的实现。

课前师生主要围绕微视频和任务单进行交互。从交互内容来说，课前师生间的交互内容主要是微视频及任务单。微视频和任务由教师进行制作，分发给学生，学生与其交互，对知识进行吸收。从交互主体来说，在课前交互主体不仅有教师、学生，还有教师和学生构建的共同体即师生共同体、生生共同体。在共同体内部可以发生各种交互。从交互行为来说，教师主要是引导、评价。学生可以有分享、交流和评价等交互行为。从交互环境来说，课前师生交互需要交互平台的支持。交互平台为学生自主学习、教师展示教学资源提供了空间，同时平台中包含有对学生自主学习过程的记录，如观看时间、观看次数、暂停次数、暂停时间等。教师可以在平台上对学生学习过程或学习结果进行评价，这样的评价是及时的、有针对性的。学生也可以看到同伴的结果，可以对同伴的提问或结果进行回复，实现同伴之间的互评。在课前师生交互模型中，起关键作用的是交互平台的应用，交互平台通过以下几个模块的建立来促进师生更好的交互：

（一）可视化监控模块

为了保证学生课前的自主学习活动的进展效果，提高课堂交互质量，有必要对学生的自学过程进行可视化监控。通过对学生学习活动有组织、有计划的监控操作，及时反馈学生的学习行为，评价学习结果。这是对学生学习活动制定的激励机制，在教师合理有效的关注中，逐步提高学生的自主学习能力，并培养自主学习习惯。具体的监控措施是设置跟踪学生的访问次数、时间、持续访问时间等的模块。在监控数据中，及时了解学生学习的情况，在学生完成视频学习之后，要对其学习中的困难、学习心得体会以自己独特的表达方式传递给教师。教师的监控不是生硬的，不是只对结果的评价，而是对学生的学习进行全方位的评价，让学生感知教师的用心关注。在学习的交互中，保持感情交流，给学生以愉悦的学习情绪享受。

（二）交互评价与讨论模块

学生完成微视频的学习之后，对任务单内容的解答，要上传至平台。在平台上，教师与学生形成评价与讨论的关系，学生在自己理解的基础上，可以对其他同学的作业进行评价，并有充分的理由。教师对学生的作业本身要进行评价，对于互评的行为也要进行评价，在这个过程中，师生之间、学生之间又一次进行了交互，这一阶段的交互，相比学生与微视频的交互又会深刻一些。在互评的过程中，学生对其他学生的学习结果有所了解，同时也能够提高自己的学习水平。在交互平台上，教师可以进行有针对性的、个性化的评价，也可以通过及时有效的评价，激发学生学习的主动性。教师在评价的过程中还可以了解到能够快速观看微视频的学生比率，在微视频中停留较长时间的学生比率，判断微视频制作的有效性。教师对学生作业及学生互评过程进行评价之后，可以进行总结形成问题系列，作为课堂交互的基础内容。在讨论模块，学生可以随时提出自己的疑问，解答同伴的疑问，教师也可以观看到讨论的问题，在学生的交流中提出指导性意见，让学生实现真正的自主学习。

（三）作品展示模块

在翻转课堂实施的课前阶段，教师将学生自主学习的微视频及任务单上传至平台，学生可以随时进行观看，实现自主化学习。在解决任务单中的问题时，学生可以将自己的答案展示在平台上，同时也可以将具体的解决过程拍成照片上传至平台，一方面可以较全面地分享自己的想法，另一方面可以让同伴或教师进行有针对性的评价。在活动课或实践课中，也可以将自己制作的成品以照片的形式上传，通过作品展示，师生之间可以有更多的交互，同时也是更具体更有针对性的交互。通过作品形成的师生交互，让师生对彼此有更全面的了解，教师能够通过多种方式满足学生的个性化需求，促进学生的个性发展。在学生练习中，教师可以将所有问题都制作成短小的视频，在学生不能解决问题的情况下，可以自主观看视频，对问题进行理解并重新完成。交互平台中的作品展示是师生双方的分享，通过分享，实现师生间更多的交互。

课前交互是一个完整的过程，教师制作微视频，学生接收资源，对资源进行自我吸收，接着通过任务单中问题的解决检测自我学习结果，学习结果又反馈给教师。这一过程是师生间小范围的交互，在实际教学中，容易忽略师生的对接。在课前的交互准备中也是一个小循环，这个过程中教师要对学生的学习有明确的安排，对学生要有及时的督促，同时可以利用同伴的作用，给学生提供榜样，在对学习结果回收的过程中，教师要能够将主要问题列举出来，对个别问题也要重视，学生从教师的言行中可以感受到教师对自己的态度，从而引发对科目即教师的情感。学生自主学习动机的激发伴随着课前的各个环节，教师要提供给学生合作竞争的环境，在安全的心理环境中，适当给予督促、评价，以便学生能够养成自主学习的习惯。课前师生的准备越充分，对课堂中的交互越有利。

在课堂交互中，教师先对学生进行检测，学生将检测结果上传，教师在投影中一一呈现，学生不仅可以看到自己的成果，同时对同伴的成果也可以及时看到。教师通过逐一浏览，从中找出有特点或有代表性的进行点评，形成教师与学生个体、集体的交互。对学生集体的疑问，教师将进行有针对性的讲解，发挥讲解的作用。学生在教师的讲解中，获得解决问题的思路或方法，促进思维的发展。教师展示结构化的问题，学生逐一解决，课堂交互有层次有条理地进行，学生保持着学习的专注力，运用课前学习的结果解决一个个问题，获得自信心，教师在交互中发挥着指导、组织的作用，让学生成为课堂的主人，在课堂中找到自我的存在感和成就感。连环式的交互行为之后，师生进行交互内容的总结，让学生整理知识、方法，在师生融洽的交流中获得愉悦的学习体验。在问题的解决中、知识的掌握中，培养良好的学习态度和学习习惯。

翻转课堂教学模式下的课堂师生交互主要集中在三个教学环节，即任务单中的问题解决、课堂检测（基础知识理解）、应用型问题解决。任务单中的问题，整体上是较浅层次，目的是激发学生的学习兴趣，让学生获得学习的信心。在任务单中设计一两个有难度的问题（难度适宜）使学生能够进行深入思考。对于难题，学生可以在课下与教师或同伴交流，也可以留在课堂中进行解决。教师做好了充分的准备，即对学生在完成任务单时产生的困惑有所了解。在课堂上教师与学生共同将其解决，在课堂开始阶段就给学生一定的吸引，带着解决自己的疑问的心理状态，很容易跟进课堂活动的步调。在对课堂检测是教师与学生集体间的交互，教师对学生进行简单提问或是给出具体的需要全面思考的问题，学生做出回应，教师依据回应的情况了解学生整体的自主学习。这两个环节是通过问题的解决将教学内容进行回忆、巩固。这是解决教学内容是什么的问题，接着要对怎样用知识，或者为什么是这个知识进行学习。在学生基本掌握教学内容的情况下，教师设计一些能力提升的问题，这是训练学生思维的过程，当学生已经获得了知识点之后，给他们提供应用的机会。教师在这个过程中最主要的任务就是观察、引导、鼓励，让学生充分发挥自己的能力，用自己的方法去解决问题。问题解决的最终结果不能放置过高的位置，让学生敢于思考、敢于表达才是重要的。在整个交互过程中，教师对学生的辅导要建立在学生自我解决或与共同体讨论基础上。

在课堂交互中，教学活动形式多样，形成不同类别的师生交互。在检测阶段，教师与班集体进行交互解决共性问题，学生个体与班集体交互解决个别问题。在应用型问题的解决过程中，分小组讨论，在学生与共同体的交互中，获得问题解决的思路或是问题的最终解答，学生个体与班集体交流将问题解决过程呈现，学生个体与个体之间交互将学生个体疑问解决。课堂活动的设计从易到难，活动的参与者也从学生个体、学生小组到班集体都有存在。学生共同体是以学生及其同伴构成的学习群体，他们有着共同的目标——将问题解决。共同体成员有着自己的认知特点、表达特点。学生与共同体的交互，是一种较平等的交互，具备类似的心理、生理、认知发展水平，在理解与交流的过程中，更容易让彼此实现同化或顺应。共同体是学生同伴的集合，在自尊心及好胜心的支配下，会自然形成一种向上的力量，小范围的共同体带动整个班级，形成良好的交互情形。师生共同体是教师作为学生学习的伙伴共同解决问题。在师生共同体中，教师成为学生的学习同伴，在问题解决中同样与学生共同提出看法、分享意见，这时的教师对学生而言是学习的促进者。通过学习共同体的交流同伴之间协作完成任务，指定代表展示共同体的学习成果，这是给个体与班级交互提供机会。在学生个体表达完之后，班集体中的成员可以对学生个体进行评价或提问，这是一种促进学生同伴之间提问的方式，站在较平等的地位，学生更容易有勇气表达，或有信心独立思考。

在课堂交互的过程中，交互内容的三个层次彼此之间有联系，同时又是一种递进的关系，三种交互主体彼此有交叉，可以形成形式多样的交互。三层次三交叉主体所形成的交互不仅能够让学生获得知识享受、思维享受、良好人际关系享受，同时也能让课堂更有活力、气氛更融洽。

二、翻转课堂师生交互策略

从翻转课堂师生交互的现状中，发现师生交互还存在一些问题，针对这些问题，提出切实可行的师生交互策略，促使翻转课堂中师生交互更好地开展，同时也能将翻转课堂更好地实施。

（一）交互准备策略

交互准备包含教师准备、学生准备和交互环境准备。教师需要有提供给学生自主学习的资源准备、对学生学习的监控及学习结果的汇总。学生需要对微视频进行深入学习，完成相应的任务单，同时准备好自己的疑问。为保证师生做好交互的准备，下面提出以下几种实践方法：

1. 微视频关口设计

在学生自主学习的过程中，教师和学生之间是一种异步交互，学生对微课中教师的言行会有不同的反应，表现在对微课内容的理解程度。在这个交互过程中，教师在微课中需要设计一些明确的给予学生思考的说明或提示。这个过程主要是学生对教学内容的接受、吸收。但对学生而言，也是一个主动建构的过程，是将学生原来的认知与新知识之间建立联系完成同化或顺应的过程。教师适当的语速对学生而言，就是一种引导，但除此之外，还要在微课中设置恰当的关口，给学生回忆或总结讲述过的知识，在此基础上试图去解决问题。关口一方面是一种调节学生在与教师进行异步交互时所形成的单一的学习状态，它在学生自学的过程中营造了一种氛围，让学生感受到自主学习的过程并不是完全一个人孤立地看微课，这种氛围对学生学习的情绪是一种调剂，消减乏味或懈怠的感受。其次，关口促使学生对讲解过的知识做短暂的回顾，也是让学生进行一个自测体验。闯关的结果对学生接下来听课的状态会产生影响。微视频中交互的设计也是对学生自主学习过程中的一种指导，利用停顿来改变学生学习状态，在停顿中，使学生对学习过程进行反思，同时也可以通过停顿之后的评价促使学生保持学习的动力。因此，关口的难度设计要适中，这样才能给学生足够的信心进行接下来的学习。这是一种类似游戏化教学的设计，目的是对学生情绪和学习状态的改善。最后，微课中关口的设计是将学生学习、检测活动形成一种范式，这样在看过微课之后，很容易衔接任务单中的检测环节。学生养成吸收、检测、反馈等习惯能促进对课程整体知识的掌握以及自我学习的了解。在关口的时间点设计上，需要教师利用自己的教学经验及对学生情况的了解基础上确定。设计关口的形式可以是多种多样的。如一个结合实际生活的疑问，或是一个习题式的问题等。除此之外，也要注意微课虽然具有短小精悍的特点，但在讲述的过程中依然要注意有逻辑的要求，这对学生的归纳总结有一定的帮助。微视频资源不仅仅是提供学生学习的材料，同时也是一种对学生学习引导的资源，在交互环节的设计中，学生可以对知识进行归纳，并利用知识进行问题的解决，在这个过程中，调动思维积极活动，促进学生进行独立思考，对学生的批判性思维发展也有一定的帮助。微视频中交互的设计让学生在学习的过程中，保持集中注意力，给学生一种与教师非面对面交流的体验。

2. 课前自学方法引导

翻转课堂教学模式实施的首要阶段是让学生进行自主学习。在翻转课堂中，学生利用教师制作的微视频进行自主学习，在学习的过程中通过配套任务单中的问题解决进行及时检测。从这个过程来说，学生的自主学习目标明确，学习内容明确，但学习方法很少提及。学生长期处于被动的学习状态，对于自学可能还存在一定的疑惑，教师有必要对学生进行自学方法培训，同时也可以在微视频中给以提示。在对学生进行自主学习培训的过程中，要对学生的认知策略和元认知策略有清晰的了解，可以通过平时学生分享自己的观点或问题解决思路的手段进行分析。帮助学生认识自己常用的学习策略，对学习策略中的不足进行个性化的指导。在这个过程，主要是让学生意识到自己的自学准备、自我识别、自我选择和自我反思过程与方法。在微视频资源的学习中，学生对自己学习的心理准备、对视频内容的选择性观看、选择性理解及观看之后的反思等，都要有意识地去实践。学习微视频的过程是一个需要耗费精力、利用专注力去实现的阶段,学生在了解了自己的学习过程和方法之后,针对自己学习中常犯的错误进行有针对性的强化,促进良好学习习惯的养成,这样才能真正实现自主学习。在微视频和任务单的使用中,依据不同的学生的情况,可以采用不同的应用方式。对能力较强的学生而言,可以让其先对任务单进行阅览,从任务单中反映出的教学目标能够进一步促进学生带着问题进行学习。这样的学习更容易实现教学目标。对自信心不强或能力一般的学生而言,先看微视频再做任务单会更好。教师对微视频可以有更多的应用方式,在不同的应用中,都要给学生一定的方法指导。微视频只是一个学习工具,如何能让学生通过工具获得知识,才是最重要的。教师要对学生的自主学习过程进行方法、策略上的引导,让学生知道面对微视频这些学习资源,该以怎样的状态去使用,同时对于微视频的功能也要进行多方位的解读,如可以进行新课预习也可以在复习阶段进行回顾,在解决问题的过程中有不理解的知识点也可以再次进行观看。除了对自学过程的引导之外,对自学结果也要有指导,学生在完成自学之后,不仅对自己的疑问、困惑有总结,同时对自己在学习过程中的体会也要有总结,这样才能够不断提升自主学习能力。教师要充分利用自主学习策略对学生进行学习指导,让学生在学习策略的使用中更好地实现教学目标,同时也促使学生养成更好的自主学习习惯。

3. 自主学习监控

自主学习监控是指教师对学生的自主学习过程的监督。在监控的过程中,教师不仅可以对学生的学习过程有清楚的认识,同时也能让学生保持一种积极的状态。在翻转课堂的教学过程中,学生可以进行自主学习,这是学生进行独立学习的阶段;教师对学生的自学进行监控,能够对学生的学习过程进行评价,而不是只对结果进行评价。教师对学生自主学习过程的有效监控,是课堂教学设计的基础。翻转课堂模式下的课堂是师生共同解决问题的过程,在这个过程中问题的设计是关键,既要对学生的学习有促进作用,同时也要以教学内容和教学目标为前提。教师通过对学生自学过程进行监督,可以发现学生学习中的困惑或者学习中存在的问题，这些都可以作为课堂交互内容的一部分。课堂活动是促进学生发展的设计，在已有问题的基础上，利用最近发展区，再设计有助于能力提升的内容，构成课堂师生交互的问题。教师对学生的评价来源于对过程的分析，对学生而言，教师的监控能够促使其保持认真的态度。翻转课堂教学模式实施的两个阶段之间关联度很大，课前是课堂教学的准备，课堂教学又是课前学习的提升，两者之间的联系，在实现手段上，主要是教师对学生学习过程的监控。利用监控促使学生能够按时完成教学任务，能够帮助教师实现学生信息的收集。这些都是课堂上师生良好交互的前提，因此在翻转课堂的实施中，教师有必要对学生的学习过程进行监控。

（二）教学活动多样性策略

1. 设计多样性交互问题

翻转课堂教学模式下的课堂是师生交互共同解决问题的过程。设计多样性的交互问题，促进师生多角度多层次交互，帮助学生对知识多方面的理解，最终实现知识的内化。交互问题来源于学生自主学习过程中存在的疑惑，是学生在对知识的认识方面有待解决、解释或者处理的疑难、困惑或矛盾。在课堂交互中，学生是带着已经发现的问题与同伴或教师进行交互，这些已经存在的问题，是师生交互之前，教师做以汇总的交互内容。这是课堂交互问题的一个部分，除此之外，教师要对师生交互的延续预设一定的问题，这些问题在设计的过程中需要对以下几点进行注意：首先，课堂师生交互的问题是以课堂教学内容为中心的，从逻辑上看，交互问题可以有主题问题、前导问题、衍生问题、核心问题、关键问题、辅助性问题及附属性问题。课堂中一般有一个或两个主题问题，它是能够概括教学内容的问题。前导问题是在主题问题之前，对学生起到激发、注意等作用的问题。核心问题和关键问题是对教学重难点的反应，辅助性问题指用来检测或练习的题目。与传统课堂相比，翻转课堂模式下的课堂更注重问题的设计。教师在教学设计的过程中要对教学内容进行深层次分析，对课堂师生交互的问题进行系统制定。从激发学生兴趣、内化知识、应用知识等几个层次设计交互问题。在问题编排或提出顺序中，教师也要依据学生的思维发展特点及课堂中的表现，有次序地展开问题解决。除了交互问题类别要丰富之外，交互问题的提出形式也要有所考量，如采用直接提问还是给出一定的情境引出问题或者在与学生的交互中引出问题，这要依据具体的教学情境而定。

2. 应用多种教学形式

翻转课堂教学模式下的课堂是师生共同解决问题的过程。针对不同的问题，采用不同的教学形式。这样既能合理分配时间，又能高效地解决问题。在不同教学形式中，学生的参与度不同，师生可以开展全方位的交互。在学生自主学习的过程中，涉及的问题一般都是基础之类的问题，在多数学生都有疑问的情况下，教师采用集体教学的形式，统一解答，在有限的时间内，解决共性问题。对于个性化问题即对知识理解有代表性的问题，或是能够促进学生进一步深入理解知识的问题，教师可以采用小组参与式教学，发挥学生的主观能动性，为问题的解决提供线索或思路。这种方式既可以让学生有独立思考的时间，同时对有想法的学生可以与教师或其他同伴进行交流，这种教学形式能够带动学生个体或群体参与课堂活动。对于极个别学生的问题，教师可以采用小组互助或个别辅导的教学形式，让每个学生都不留疑问。在课堂交互中，教师可以根据学生特点开展各种形式的教学活动，如演讲、展示、演示、实验等，为不同的学生搭建不同形式的分享平台。在翻转课堂教学中依据学生的特点及交互问题的难易程度或结构化特点采用不同的教学形式。合理的多样化的教学形式能够带动学生的各种感官，让学生对学习充满热情，不同的教学形式也能促进学生不同形式的展示、表达，促进不同学生群体参与交互。多种交互问题多种教学形式下，教师注重对学生进行引导，激发学生对问题的思考，同时也促进与同伴或教师的交互。

3. 构建学习共同体

在翻转课堂师生交互的过程中，师生通过组建学习共同体，在共同体内部可以发生更多的交互，师生也可以与学习共同体进行交互，这样可以实现更丰富的师生交互。从学习共同体的形成与发展来看，主要有以下几个特点：有共同的目标，能够相互认同、交流协商，处于民主的心理氛围中。在课堂教学情境中组建学习共同体，共同体中的每个成员都有共同的学习目标，在一种认同积极的心理状态下参与课堂活动。在翻转课堂教学中，通过教学任务的分配，将学生群体按照个性特征及学习特质等方面的异同组建各个学习共同体。在学习目标一致的前提下，给学生自由交流的时间，在多次交流下，彼此之间形成一种主动合作学习的关系。学习共同体是由学习者和助学者构成的，在共同体建构的过程中，合理分配学习任务，明确学习职责，助学者不能越权，独立承担学习任务。学习共同体的构建需要教师对学生的特点有全面的了解，同时对课堂任务有明确的分配。在翻转课堂实施的过程中，教师、学生组成的学习共同体或者学生—学生组成的共同体在课前自主学习的过程中进行交互，促进知识的理解。在课堂中，不同学习共同体之间进行交流，促进观点、想法、思路的碰撞。在教师与学生组成的共同体中，教师只是助学者，与学生有同样的目标要实现，对学生起辅助性的作用，不能全权负责学生的学习。构建学习共同体使学生在课前自主学习的过程中有同伴的协助，在独立学习之后，可以与同伴进行交互，在交互的过程中解决问题或发现新的问题。在课堂上，不同学习共同体之间可以交互，对彼此的疑问进行解答或者交流产生新的疑问。在这个时候，教师的作用才得以体现，对多数学生不能解决的问题进行方法或思路的引导，促进学生对知识的理解和应用。

（三）以学定教策略

以学定教是翻转课堂教学模式表现出的一个特点，同时它也是促进师生交互的手段。以学定教策略是指在教学的过程中以学生的学情和发展特点为前提，制定教学内容，组织教学活动。以学定教有两种表现形式，即先学后教和以教导学，前者是翻转课堂教学模式的本质体现。在以学定教策略的实施中，关键是要对学生的学进行全面定位。学生的学包含学生的学习状态、学习方法、学习过程及学习结果等内容。教师对每个维度都要有所了解才能对课堂教学的内容和活动进行设计。在翻转课堂教学中，教师要对学生的学进行全面及时的关注，根据学生的学习情况开展教学活动，这样学生才能有表达或表现的可能。

教师的教用来引导学生进一步的学，在先学后教、以教导学的过程中，让学生发挥学习的动力和热情，成为学习的主体，进行学习活动的实践。教师对自己教学的评价也要依据学生的学进行，依据学生学习的需要进行教学活动和教学形式的选择。在先学后教、以教导学、以学评教的过程中，学生的行为表现、个性特点得到体现，教师和学生之间的交互也更具体更有针对性。在以学定教的策略实施中，教师负责学生掌握学生的学习情况，进而做出引导性行为，学生在教师的引导中，不断地做出回应，形成师生间良好的交互。

以学定教策略的实施中，教师要关注学生，善于从学生的反应中获取信息。教师要善于引导，在课堂中多使用积极的情感感染学生，让学生主动参与课堂交互。在翻转课堂教学模式的实施中，课前阶段学生进行自主学习，为教师提供了了解学生学习的机会，通过课前交互得知学生的学习情况，对课堂教学就要进行有针对性的设计。课堂上的教建立在学生学习的基础之上，在解决学生问题的过程中，逐步提高能力层次。对课堂交互活动的设计要有各种预设，通过学生的反应，及时调整教学，时刻与学生的步调一致，尽可能地让学生在最近发展区中得到发展。教师对交互问题的设计和提出，也要建立在学生学习结果的基础之上，交互问题的难易程度与学生的水平保持平衡，在学生学的过程中，进行及时有效的评价，不仅从认知层面，对心理层面也要进行评价，这样的评价才能够让学生接受，并做出回应。

（四）交互环境信息化策略

1.建构交互平台

翻转课堂模式下课堂师生的交互与课前学生的自主学习相关，在交互平台的支持下，教师可以对学生的自主学习进行监控，促进学生课前任务的完成。交互平台的建构包括几个模块：资源中心、学习中心和考核中心。用于翻转课堂教学的微视频任务单或教学内容相关资源都放置在资源中心，学生可以在登录之后，随时进行观看、学习。学生认为重要的资源可以进行收藏，便于随时查看。考核中心有主题性练习或考试试卷等资源。学生在观看过视频之后，可以进行及时检测或练习巩固。在练习题中，配有微课讲解，学生在自测之后不能解决的问题可以与其他同伴讨论,也可以直接观看讲解,然后重新进行解答。对有代表性的练习,学生也可以进行收藏,方便直接回顾复习。在练习模块中,教师和学生可以进行提问、回复和评价。在学习中心,有讨论区,学生可以边看视频边进行交流,对过多的学习之外的讨论,教师需要监督,进行提醒。交互平台通过以上几个模块,引导并记录学生自主学习。交互平台中还可以有跟踪机制,对学生的学习过程进行记录,如学习总时间、学习次数、学习暂停次数等,对学习结果在班级中的排名也有记录,对每次学习的进步或倒退也有提醒,便于学生随时了解自己的位置。在交互平台中有一些交互机制,如任务引导机制、协作机制、积分机制、学习评比机制、考核机制等,对学生学习进行引导和激励。对学生经常看的微视频或经常出错的题目,平台也会有记录,并向学生推送类似的内容或练习,促进学生进一步掌握知识。交互平台的构建和使用,让教师减少了重复性的工作,同时又实现了教师无法完成的工作。对翻转课堂师生的交互提供了课前准备数据,让教师能够真正做到以学定教,从而实现课堂中深层次的交互。交互平台不仅对翻转课堂的课前阶段提供支持,同时对学生课后的复习巩固也起到重要的作用。在交互平台的作用下,师生在课前就可以实现交互,教师也可以对学生间的交互进行观察和评价。师生间的交互促进学生更好地实现知识的传授。在课堂中,教师不仅可以针对学生的学习结果还可以针对学生的学习过程进行交互问题的设计,对学生实现知识内化提供了全面的支持。

2. 利用交互终端

在课堂上,引入交互终端,可以突破传统课堂师生交互中出现的瓶颈,即学生随堂检测结果不能量化呈现。教师对学生进行检测,传统课堂中,教师只能通过在学生中走动对学生结果进行大致了解。而在有交互终端的情况下,学生可以直接将结果上传,在课堂中的白板中就可以显示出来,教师从学生解决问题的数据结果中,不仅可以看到答对答错的学生人数,还可以知道具体到某个学生的答题情况。在这种情况下,教师就可以进行有针对性的讲解,对集中的问题,采用集体讲解,对个别问题采用个别辅导。教师也可以让答对的学生进行分享，让学生感受到多种解题思路，而不是像传统课堂那样，只有教师在讲，这对学生思维的发展有一定的帮助。交互终端中也可以包含题库，在课堂交互中，教师与个别学生交流时，其他学生可以依据自己的学习情况进行深层次的练习。在课堂师生交互中，教师不能对每一位学生都进行评价，但在交互终端的支持下，利用交互终端中的设计，对每一位学生都可以进行及时的评价，这种及时评价对学生的学习情绪起到一定的引导作用。在交互终端中，可以设计作业提交模块，让每一位学生都可以看到其他人的结果，这样让学生在教师快速浏览的过程中进行自我选择，观看其他人的作品进行学习。交互终端中可以存放文本、视频等资源，学生作品可以以不同的形式上传。

在课堂交互中，交互白板也是一种有效的工具。它通过内容的呈现，促进师生间交互。在学生需要面对班集体进行观点分享或是思路展示的情况下，就可以利用交互白板，学生进行过程的书写，教师和其他学生可以看到完整的解题思路，同时教师可以将其生成新的内容，传给学生，进行消化吸收，也可以用在其他班级中，这是一种资源生成的方式，具有真实性，也是对学生学习的支持和鼓励。

第七章　高校英语教学方法的实践应用研究

第一节　多模态的协同及其在高校英语教学中的应用

当前导致高校英语教学效果不理想的原因众多，其中教学模态单一及各个模态之间缺乏协调是致使大学生不愿主动学习、大学英语课堂教学效率低的重要原因。在高校英语教学中应用多模态协同能够调动学生的听觉、视觉、触觉，通过图像、声音的引导，强化英语沟通能力，提升大学生的英语素质。

一、多模态的协同

多模态是指运用多种构建意义的手段与符号资源，尽量将人的听觉、视觉、触觉等多重感觉同时结合起来开展信息传播与交际的行为。模态之间的关系是由具体语境与交际目的所决定的。通常来说，视觉模态及听觉模态是人们交际过程中选择的主要模态形式，而嗅觉、触觉、味觉等为辅助型的交际模式。在实际沟通交往过程中，为了传递某种特定的含义，可以同时运用多个模态或实现多个模态之间的转换。模态选择的合理性取决于交际者利用媒介的能力及多模态识别能力。长时间以来，高校英语教学都只关注英语词汇、句子、语法的知识点教学，教学方式与目标仅仅只是从单一的文字模态入手，鲜有融合非文字的模态形式来进行课堂教学活动。伴随着互联网技术与信息技术的发展，多模态及多模态协同已经开始对大学英语课堂教学造成影响。多模态的协同教学，即为教师在课堂教学过程中要运用多模态开展教学，课堂需要涵盖视觉模态、听力模态、口头模态、书面模态、体形模态等。在高校英语教学中多模态的协同就是利用互联网、多媒体技术等客观环境与条件，为高校英语教学提供多种语言与非语言的多模态语境。多模态协同在高校英语教学中应用的基本目标就是要提高学生运用英语开展多模态交际的能力，提高学生通过多媒体与多模态自主学习的能力，以满足社会发展与经济全球化对大学培养高素质人才的要求。

二、多模态的协同在高校英语教学中的作用

在高校英语教学中应用多模态协同能够起到以下作用：第一，融合语言模态和非语言模态，激发学生参与学习的积极性。多模态协同理论中的非语言模态能够在传递信息中发挥巨大的作用。非语言模态主要包括身体特征、教学环境、教学道具等。在多模态协同教学下，教师可以利用图片、音频、视频等方式对英语知识点进行多方位的全面分析。例如，在大学英语词汇教学中，教师可以播放含有需要学习词汇的英文歌曲或英文原声电影，以吸引学生的注意力，调动学生参与学习的积极性，使其深化对词汇的记忆。第二，实现学生多感官互动。多模态协同在高校英语教学中能够实现视觉与听觉的互动，调动大学生的各个感官，以生动地进行英语知识点的讲授。例如，在大学英语课堂中，教师可以通过有感情的语言及丰富的肢体动作，配合背景音乐来渲染教学氛围，让英语课堂变得更加和谐、有趣，以激发学生学习英语的兴趣。

（一）大学英语课堂教学中应用多模态协同

视觉模态与听觉模态的协同。大学英语课堂的布局是视觉模态，其明确了高校英语教学的环境，同时也明确了教师与学生在英语教学中的角色。在课堂中，学生的视觉对象包括教师、黑板、讲台；大学英语的教学过程主要为听觉模态。视觉模态决定了课堂布局及教师在课堂中的地位，但视觉模态也只是听觉模态的辅助与基础。基于听觉模态分析，教师的话语权占据了课堂的主导地位，对教师来说，学生是其进行话语教学的主要接受对象，这就对教师的话语质量有着较高的要求。因此，教师在大学英语课堂中的话语要精确清晰、语法

正确、发音准确、速度合适。与此同时，教师在教学过程中声音的响度、语调的高低、重读的节奏都会对英语教学效果产生一定的影响。因此，听觉模态中的各个模态相互之间也需要进行配合，以达到强化口语模态的作用。教师在英语教学过程中也会通过变化视觉模态来强化口语模态，如运用手势来代表节奏，模拟所讲述的事物，运用表情的变化来突出知识点的重要程度。

文字模态与非文字模态的协同。在大学英语阅读教学中主要以文字模态为主，指导学生重点掌握非文字模态，探索其与文字模态之间隐藏的内在关系，帮助学生赏析、鉴别文字模态的意义，提升学生对文字模态的敏感度。教师可以引导学生在阅读文章时对文章的标题、小标题、斜体字、标点符号等进行标识，对文章的重点信息进行定位。例如，阅读材料"Jack went to Fifth Avenue with Tom in New York in September 30th"中出现多次大写字母，大写字母通常表示地名与人名，在阅读过程中运用跳读的方式来掌握大意，则可以快速获取关键信息。又如，教师在进行英语阅读教学过程中训练学生对非文字模态的语篇进行分析。向学生展示三幅不同的图片：第一幅是正在融化的冰川；第二幅是一望无垠、寸草不生的沙漠；第三幅是黑色的河流，要求学生分析这一组图画要传递什么意义，将学生引入生态环境保护的阅读话题，从而实现大学英语阅读教学中图片模态与文字模态的协同。

（二）大学英语师生互动中应用多模态协同

建构主义理论提出，学习过程是学生发挥主观能动性、主动学习、主动构建知识架构的过程。建构主义理论否定了传统大学英语课堂教学中教师灌输、学生被动接受的教学模式。教师与学生在课堂上的角色也发生了变化。教师从知识的讲授者转变为学生学习的引导者，也就是教师在课堂教学中扮演着引导者、组织者的角色，在学生发挥主观能动性构建知识结构时起到辅导作用。因此，高校英语教学中多模态协同的应用能够进一步深化建构主义理论，转变传统教学模式中学生被动学习的状态。多模态协同下的高校英语教学能够实现教学互动，将学生置于多模态协同的学习语境，从听觉、视觉、触觉等多方位的感官来提高学生运用英语开展交际的能力及潜在的语用潜能，让大学生能够在多模态协同的环境下主动学习。在大学英语课堂中，教师可以通过多媒体技术来支撑多模态协同的进行，实现教学与学习的互动，通过师生互动的方式来实现多模态协同教学的效果。师生互动是指在大学英语课堂中，教师与学生面对面进行的教学活动。在课堂教学中教师需要将知识点通过文字、图片、音频、视频的形式展现给学生，以吸引学生的注意力，使其更好地理解、接受知识点。与此同时，教师还会通过语言表述、手势动作、面部表情等方式与学生进行互动。例如，在讲解某一知识点的时候，如果学生露出疑问的表情，教师则能够通过视觉模态信息得知学生尚未理解，从而进行深入讲解或换个角度讲解。

（三）大学英语测试评价中应用多模态协同

在高校英语教学对英语"听、说、读、写、译"五项基础能力进行评价的过程中，可以运用基于多模态协同的评价方式。例如，在听力的测试评价中，教师可以预先准备好视听资源让学生在试卷上回答问题；也可以在课堂上进行对话，让学生进行梗概记录，同时调动学生的视觉、听觉系统，并且利用多模态之间的互补性来完成听力测验评价。在翻译的测试评价中，教师可以将笔译与口译的方式结合起来，利用多媒体技术来开展同声传译的翻译练习。对口语的测试评价而言，当前口语的测试方式主要为进行问答与话题交流两种类型，无法充分展现英语表达的多模态，而利用多模态协同能够更加准确地对学生的英语口语水平进行评价。因此，进行口语测试过程中要表现出语言与伴语言的特点，充分体现语音、语调、符号在口语沟通交流过程中的应用。同时，还要展现非语言的表达，通过表情、手势、动作等与口语沟通相互配合，来对大学生的综合口语水平进行测试评价。

多模态协同下的大学英语课堂教学能够改善当前高校英语教学中学生欠缺学习积极性、课堂教师与学生之间缺乏沟通、学生与学生之间缺乏沟通的现状。在大学英语课堂教学、师生互动及测试评价中应用多模态协同，能提高高校英语教学的质量。多模态协同在高校英语教学中的应用能够让大学英语课堂变得更加和谐，能够让学生在积极参与课堂学习的过程中强化自主学习能力。

第二节 激励教学法在高校英语教学中的应用

一、激励教学法

（一）激励教学法的含义及其特点

激励就是激发和鼓励，是指通过影响人们的内在需求或动机，从而加强、引导和维持行为的活动或过程。激励的本质就是激发人的动机，激励教学法是指教师在教育教学过程中，借助一定的方式和手段，激发学生的学习动机，使其产生一种内在驱动力，诱发其积极参与学习的行为，并朝着期望的目标努力，从而提高课堂效率，促进教学任务顺利完成的过程，即通常所说的调动和发挥学生的积极性、主动性和参与性的过程。

美国心理学家威廉·詹姆斯有句名言："人性最深刻的原则就是希望别人对自己加以赏识。"他还发现，一个没有受过激励的人仅能发挥其能力的20%~30%，而当他受到激励后，其能力可以发挥80%~90%。

（二）激励、动机及英语学习之间的关系

罗伯特·舒曼从神经生物学的角度证明，大脑对所接收到的刺激进行评价，从而引起外语学习者情感上的反应，并将这种刺激评价分为五个方面：刺激的新异性、吸引性、目标/需要意义、可处理潜力及个体社会形象。舒曼认为，语言学习动机的强弱和性质是由这些刺激评价不同方面的排列与组合决定的。

钱伯斯另辟蹊径，从相反的方向探索外语学习者缺乏学习动机的原因。在对英国利兹地区的191名失去外语学习动机的九年级学生进行问卷调查后，发现了可能导致学生失去外语学习动机的10种原因。他认为，这些学生最需要的是对他们学习成绩的肯定、奖赏及鼓励。换句话说，也就是学生外语学习动机最直接的来源是外语教师对待他们的态度。在对主流动机理论总结之后，据此向语言教师们提出了五条建议。

由此看来，激励在当今重视个性发展的成功教育中起着不可估量的作用。教师在课堂教学中的角色就像一个导演，既是知识的传授者、课堂教学的组织者、课堂活动的控制者，同时又要保持和学生的平等身份，是学生交际的合作者，是一堂成功的外语课的创造者，是帮助学生克服心理障碍、放下思想包袱的心理治疗者。

因此，动机、激励与英语学习是相辅相成、密不可分的。激励就是要通过各种有效手段，激发学生的学习动机，从而提高学习成绩。动机与学习成绩之间是典型的相辅相成的关系，较高的动机水平有利于取得较好的学习成绩，而较高的学习成绩也反过来有利于增强动机水平。

二、高校英语教学中运用激励教学法存在的问题

（一）激励教学法被边缘化

在目前的学校教育过程中，教师的工作被明确地规定为完成一定工作量的教学任务，因此，许多教师工作的重心在知识传授方面，而不是在学生培养方面。从教育激励的角度来看，多数教师只是在传授知识，而很少激励自己的学生。他们往往认为学生是否积极主动、富有热情地学习是学生自己的事情，多数教师把学生的学习看成是学生要尽的义务，就如同学生要遵守学校中的规章制度一样，是教师开展教学工作的当然前提，而没有认识到其实这个前提条件是需要教师在学生身上建构的，是教师育人工作的一个重要部分。即使部分教师意识到对学生兴趣的培养是重要的，也只是把它作为教学的方法而已，而没有认识到培养学生对学习的兴趣比知识学习本身更重要。因此，激励教学法与教学相比是被边缘化了。

（二）教师的激励方法片面单调

教师偏重于激励优秀学生与后进学生，忽视一般学生；偏重于知识学习，忽视学生的情感与意志的发展方面；偏重于激励追求成功，忽视学生的心理健

康；偏重于逻辑、语言智力，忽视其他种类的智力；偏重于引导学生遵守纪律，忽视学生的创新、求索；偏重于教师的个人喜好，忽视教育的应有规律与目的。

（三）激励教学法的作用没有得到充分发挥

教师职业的机械性加强了，而育人角色在弱化。教师激励数量的有限、手法的片面与单调都使激励的效果非常有限。无论是从学生的心理需要还是从社会对教师职业的期望来看，教师对教育激励的掌握与运用都与之存在巨大的差距。教师只看到学生知识与技能的掌握与否，而对学生的心灵塑造常常无动于衷，学生也常常感到教师是某一学科知识的代表，是知识的传授者，与教师之间缺少深入的心灵上的沟通。学生求学过程中所遇到的教师可能有几十个，但是能在心灵发展过程中留下深刻印象的并不多。教育激励的缺乏常导致学生品质、人格发展的不完善。

三、高校英语教学中有效运用激励教学法的建议

（一）提高运用激励教学法的意识

许多教师认为激励教学法只适用于中小学生，对大学生的效果不明显。事实上，大学生也需要激励。笔者曾尝试着运用了考试激励法，其结果显示良好。研究将学生的期末成绩分为两部分，平时成绩占30%，期末成绩占70%。通过课上考核学生对学过的单词和词组的记忆调动学生学习的积极性，结果发现学生开始晨读，这种情况前所未有。由此看来，激励教学法同样适用于大学生。

教学活动不论处于哪个环节，都离不开教师的主持、参与和引导，这就要求教师必须具备担当多种角色的综合能力。调查显示，在被问及影响英语学习动机的主要因素时，大多数学生将"教师"列为首位，他们认为英语教师的以下品质有助于激发他们的学习动机：精通英语；认真备课；授课生动有趣；热情幽默，考虑周到；对学生一视同仁；教法灵活，不拘一格；使学生参与到课堂活动中去；使学生充满自信。

因此，教师要从自我做起，努力钻研专业知识，认真备课，提高自身的综

合素质。同时，教师要树立激励学生、学习动机的意识，在激励理论的指导下，合理正确地运用激励教学法。

（二）有效运用激励教学法时应注意的因素

激发自主性。 对于命令，人们有一种天然的抵制心理，自主是人们与生俱来的需求。每个学生都希望有自我选择的自由，而不是被强制参与自己不喜欢的活动。因此，教学中教师应还给学生这一权利，使其自主地从事学习活动。《新编大学英语》这套教材就很有助于激发学生的学习自主性，因为这套教材的每一个单元都有可让学生参与进来的话题。教师在使用这套教材组织课堂教学时，应当留出时间让学生对这些话题进行讨论，从而激发学生的学习自主性。

鼓励自我实现。 动机的缺乏很大程度上源于自信的缺乏。经过艰苦奋斗却屡屡失败的学生很难对学习产生兴趣。相反，如果能不时体验成功，就会对自己的能力充满信心，参与学习活动的热情也就很高。每个学生都有正视自己能力的愿望，正是这种愿望赋予其克服困难的勇气和持之以恒的精神。让学生体验成功，肯定其学习的潜能，有助于激发学生的内部动机。在高校英语教学中，教师应该合理设置教学目标，让学生体验到"跳一跳就能摘到一颗葡萄"的快乐。如此，不时地体验成功有助于开发大学生的学习潜能，从而激发大学生的学习动机。

建立平等的评价体系。 在英语教学中，当学生尤其是学困生，在课堂上不能与你配合时，甚至文不对题乱说一通时，一句鼓励的话或一个信任的眼神都可以帮助他们端正学习态度。相反，若我们对学生的评价采取"一把尺子""一刀切"的办法，从一个方面对所有的学生进行分等，这就使学生特别是学困生，得不到正确的评价而陷入更加困难的境地。在这种评价体系的支配下，一再失败的学生无法发现自己、激励自己，从而失去了他们发展过程中追求成功的努力和信心。因此，在教学活动中要适应学生起点，每一个学生都是不同的，对学生的评价重激励、重发展、重能力。

注重身体语言的应用。 恰当地运用身体语言将收到"此时无声胜有声"的效果。教师的一个眼神、一个微笑能给课堂带来亲切、和谐的气氛，使学生迅速产生一种向上的、愉快的求知欲。学生起来回答问题时，教师上身前倾，缩短彼此的距离，两眼平视对方周围一带，使学生感觉到教师在关心他的话题，从而回答得更生动、更热情。尤其是当学生回答错问题或由于紧张、害羞答不上来时，教师以期待、亲切的目光注视学生。面含微笑，轻轻点头以示鼓励；微微摇头，暗示学生纠错，很快便能消除学生紧张的心理状态；学生成功地表演后，教师给予亲切的握手，将会使学生倍加振奋。

（三）掌握英语激励教学法的运用技巧

激励教学法有其自身的特点和思想理论体系。因此，除一般性英语教学技巧外，有一系列相对独特的教学技巧。激励教学法的教学技巧很多、比较零散，更具灵活性、更为个性化英语学习动机的外部激励因素主要包括以下方面：教师的素质及能力、学习者的学习成就、学生间积极竞争、适当的表扬和诱导、良好的课堂氛围、竞赛及考试的过程和结果等。

创造良好的学习环境，唤起英语学习动机，激发学生学习的欲望。教师营造的课堂气氛极大地影响着学生的学习动机和学习态度。良好的英语学习氛围和环境是激发英语学习动机的外部条件。教师应在教学中创设一种使学生感到安全、宽容和有利于学生发展的学习气氛，对每个学生表现出真诚的关注，突出强调学习过程和学习任务的价值，而不要过分关注学习结果，使学生减少焦虑。教师用英语说几句日常用语或讲一个风趣幽默的故事，以此来唤起学生学习的意识，使其自然地进入学习英语的环境中。这时，教师要有意识地进入"导师"和"助手"的角色，尊重学生的个性，民主教学，建立和谐、愉悦的师生情感。

巧设情境，为学生创造成功的机会，给予成功的满足。英语学习和其他科目一样，要靠师生的共同努力，所以在英语教学中，不要忽视在课堂中还有这样的一个小群体，他们自觉性差、学习欠主动，又爱面子、怕说错，往往不敢开口。在教学中，笔者抓住这部分学生的心理特点后，决定帮助他们纠正这种不良习惯。首先帮他们养成开口的习惯，再由易到难，逐步增加课堂提问的难度。

当他们回答问题有困难时，就为他们搭桥，模仿他人练习；如果这部分学生有坐在前面的，就让后面的学生先答，依次向前，轮到他时也就会模仿别人开口了。这种变换形式的教学方法有力地促进了落后生也跟着开口、动脑，使他们自始至终都能全身心地投入学习，不知不觉地提高了他们的学习兴趣，帮助他们自觉地走出阴影，迈出走向成功的第一步。

适当开展竞赛，提高学生学习的积极性。竞赛是激发学习动机、调动学生学习积极性的有效手段，因为竞赛能唤起优越感和满足学生受他人承认、赞扬等心理需求。竞赛的形式要注意采取自己与过去的竞赛、个人之间的竞赛和集体之间的竞赛相结合。通过竞赛，学生的好胜心和求知欲更加强烈，学习兴趣和克服困难的毅力会大大加强。多开展小组或班级等集体之间的竞赛或自我竞赛，以促使其互相帮助，为达到共同目标而共同努力，有助于培养学生的合作精神。

事实证明，在高校英语教学中，注意激励教学方法的运用，不仅可以激发学生的学习兴趣，还可以提高学生的自信心。学生的成功源于学生的信心，学生自信心的形成往往源于教师的激励。所以，教师在教学中运用激励性评价有利于学生树立自信心，积极进取，在学习上取得更大的进步。

第三节 大学英语多元互动教学模式的应用

在当今全球化的发展背景下，无论是社会经济、科学技术及文化教育等各个领域，传统的理念与方式都普遍受到了信息技术革命所引发的冲击。随着信息技术的逐步发展，信息更新与知识迭代的速度不断加快。与之相应的，在大学英语教育教学领域中，大学英语的传统课堂教学模式已经无法完全适应信息时代的环境变化，大学英语课程改革的内在需求逐步凸显，社会对外语复合型人才的综合语言运用能力也提出了更高的要求，大学英语的课堂教学模式改革势在必行，这也将是当前高等教育发展的重要任务之一。

大学英语课程的课程要求明确了大学英语是以外语教学理论为指导，以英语语言知识与应用技能、跨文化交际和学习策略为主要内容，并集多种教学模式和教学手段为一体的教学体系。2007年教育部颁布的课程要求也明确指出，"各高等学校应充分利用现代信息技术，采用基于计算机和课堂的英语教学模式，改进以教师讲授为主的单一教学模式，新的教学模式应以现代信息技术特别是网络技术为支撑，使英语教育可以在一定程度上不受时间和地点的限制，朝着个性化和自主学习的方向发展。"因此，大学英语的多模态互动教学将是大学英语课堂教学改革的主要发展方向。所谓"多模态互动"，主要指区别于传统的单一的静态的、以教师讲解课本的书面语言为主要内容、以教师为主体的英语课堂教学模式，而采用综合运用多媒体与网络技术所开展的视、听、说等动静结合，电子与书面结合的、教师讲解与学生或学生小组讨论、交流相结合的师生互动、生生互动的教学模式。

一、构建大学英语多模态互动教学模式的必要性

多元化的大学英语课堂教学环境的需要。多元化的社会经济文化的发展需要具有高素质和高水准的具有较强的语言综合运用能力的人才，随着计算机与网络信息技术的日新月异，多媒体教学模式具有传统的书本教学所不具有的开放性、实时性等特征，强大的数据库具有比教师大脑更优越的知识、信息、资源的储备，能更好地模拟语言场景，提供全方位的听、说、读、写、译的训练环境。多媒体教学平台能够充分运用网络资源，给学生提供极其丰富的符合课程背景的学习资源，打破了原有课堂的局限性。语言学习的资源更丰富，获取的方式更便捷，资源的广度与深度则更开放更自由。同时，语言学习可以较少受到时间、地点、环境的限制，可以单次也可以反复循环多次的学习。同时，教师与学生的沟通方式也发生了深刻的变化，可以不再局限于课堂和办公室，可以是线上线下相结合，教学交流、作业提交可以通过邮件、QQ或其他各种聊天软件及相关的教学软件平台来实现。这种立体化的交互方式极大地补充了原有传统课堂教学的不足，为多模态互动教学模式的开展提供了可能。

教师与学生课堂角色重新分配的需要。传统的单纯以教师为中心的教学模式已经无法满足高校英语教学的需要，在大学英语的课堂教学中，知识传授已经不占有主导地位，而学生的自我学习能力的提升和英语实际运用能力的培养则是高校英语教学的重要任务。在这一转变过程中，教师需要在大学英语课堂教学中充分树立以学生为中心的观念，学生的自我学习能力和英语运用能力培养的模拟环境才得以构建。教师通过设定课堂活动的内容与主题，提供学生英语交流的实践平台，在这一过程中教师承担起课堂活动的组织者与评估者的角色，通过不断激发学生自主学习的积极性，发挥学生的主观能动性，得以完成以学生为中心的课堂建设。师生的课堂角色得以重新分配，只有充分引发学生的学习兴趣，唤醒学生的学习意识和独立思维，鼓励学生发展个性，展现自我，发掘潜能，为学生提供全面的、充分的课堂实践机会，才能使高校英语教学的课堂摆脱单调和枯燥的局面。兴趣是学习最好的老师，学生无论是被新颖的教学方式所吸引还是被独特的教学内容所吸引，都会极大地提升教与学的良性互动，有利于学生更好地掌握与吸收所学的知识，并能在兴趣的引导下，主动、积极地进行相关的自我探索式的学习，从而有利于培养学生的英语综合运用能力和创新思维能力。

过程式教学评价模式发展的需要。多模态的互动教学模式为对学生进行立体式的多元化的教学评价提供了可能。教学评价是教学活动中非常重要的环节，对于学生及时了解和掌握自身的学习状况，调整自己的学习进度和学习方式尤为重要。以往的传统教学模式基本通过纸质的试卷与练习，尤其是期中、期末的测试完成教学评价工作，缺点是评价标准单一、滞后，从一定程度上造成了一些学生高分低能现象的存在。大学英语的实际运用能力的培养近年来不断受到社会各界的高度关注与重视，而如何在教堂内真正实现对学生实际运用能力的培养和提升是大家普遍关注的问题。课堂的综合性过程性评价从一定程度上为教师与学生对于实际能力的考查与评价提供了一个平台和一种尺度，更为全面、公平、客观、综合地评价学生在整个学习阶段在教学活动中的参与度、与小组其他成员的配合度、课外拓展学习的自觉性和在课堂展示中的实际表现情况，从而真正提升英语实际运用的能力训练在大学英语课堂教学中的地位。

三、大学英语多模态互动教学模式的应用

教学活动设计。教学活动的设计是有效开展多模态互动教学的关键。在多模态互动教学模式中，教师不仅是传统意义上的知识的讲解者，更是整体教学活动的设计者、组织者、评估者，因此，学期初，教师就应仔细分析《教学大纲》和教材，明确教学目标，结合教学目标规划并设计该学期的若干教学任务。学期课程开始时，任课教师就应就该学期的课程要求、重点任务安排、考核内容和要求、学生小组的分组与安排以及多媒体课件、教学软件平台运用、作业提交、师生线上交流方式等内容与学生进行充分的沟通，使学生了解多媒体互动教学模式的过程化评价特征，强调生生协作与师生互动的交流与学习模式，以便学生提高对学期课程学习方式的总体把握，自觉提高课程任务的主动参与度。

单元主题导入。大学英语的课程以单元主题为主线，综合了听、说、读、写、译等各方面的语言要求，因此，在进行多模态互动教学的实践中也要结合各单元主题设计有针对性的教学活动，对于较好地开展大学英语课堂的多模态互动模式具有非常重要的意义。大学英语《课程要求》中明确了除培养学生的英语综合应用能力、发展学生的自主学习能力外，提高学生的文化素养依然是高校英语教学的主要教学目标，高校英语教学的"人文性"特征不可忽视。以教育部推荐的教材《全新版大学英语》为例，教材设计中已充分考虑了大学英语通识教育任务，对于在学生成长阶段所需要学习和思考的主要议题都有所选取，如"成长、代沟、价值观、男女平等、教育和科学发展"等议题都以单元的形式进行了设计，教师可以在充分利用教材的同时，围绕主题发掘相关的视、听、说、读的材料，在语言输入环节进行同主题多维度多形式的导入，使学生充分浸润于主题相关的语境，通过指导阅读和文本分析，使学生熟悉相关的词汇与表达方式，了解有关的信息与不同的见解，激发学生的想象力，提供学生多维

度的思考空间，从而为学生参与讨论并形成自己独立观点做好充分的准备。

小组讨论及活动准备。这一环节以课内与课外相结合进行展开，教师在主题导入后，结合主题，提出讨论议题，可结合课文内容及拓展材料，要求学生进行阅读、描述、总结、讨论等学习活动，以小组为单位，进行分组讨论及活动展示准备，可以是小组讨论汇报，可以是个人观点陈述或演讲，可以是课堂组队辩论，可以是PPT的论题阐述及课堂展示。在讨论及课堂展示的准备阶段，教师可就话题、预设各种细节性及思辨型议题，引导学生进行多维度的思考，拓展学生的思维空间。教师需要就课堂活动的展示形式及要求给予学生具体的指导并解答学生的疑问，教师也需要引导学生在小组内部分工的基础上，利用课后就相关议题进行资料收集和整理，相互切磋讨论，最终形成综合性报告。

教学活动展示与评价。这是检查教学活动设计是否合理及学生能否充分理解并运用所掌握的信息与材料，就相关议题形成思辨型独立见解的关键。学生可以展现学习成果，小组讨论意见的总结、作品的表演、PPT的展示等，学生及学生小组的学习与综合运用能力得到了集中的体现。学生通过相互观摩、相互点评，形成良好的生生互动的气氛。在这一环节中，学生是课堂的主体，是课堂活动的主角，教师则更多地担负了组织者、协调者和评价者的角色。但教师的评价依然非常重要，教师需要依赖长期的教学经验，善于观察并能指出学生在实践中的得失，旨在鼓励并保护学生的参与热情，并有针对性地提出可操作的改良方案。

大学英语多模态互动教学模式的应用尚处于摸索与实验阶段，但这一模式立足于当前网络时代的信息传输技术的快速发展，较好地构建了课堂内外、教师与学生间、视听说读译的立体交互教学平台与模式，必将深刻影响未来高校英语教学的整体发展。这种模式的开放性、灵活性、互动性是原有的传统教学模式所不能比拟的，但要真正的充分运用好这一模式，对于大学英语教师与学生都提出了比较高的要求。如何能够完善教师与学生在课堂角色上的重新定位，突出以学生为主体，教师如何从主体逐步过渡到组织与设计与评估的角色，教师如何在突出单元主题的过程中提供多维度的有效资源，如何有效促进、督促并保证教学任务呈现的效果,这都极大地考验着教师的经验与智慧,教师在实际操作过程中需要通过不断地创新与实践,去发掘适应各种不同学生的个性化的激励、引导、督促和评价方式。大学英语多模态互动教学模式培养了学生的语言综合运用能力,以及协同合作能力和社会交往能力,为培养英语的复合型人才打下了扎实的基础,必将是高校英语教学课堂模式改革发展的主要方向。

第四节 大学公共英语教学中英语应用能力的培养

随着我国教育事业的不断发展,新课程改革的逐渐完善,大学公共英语也相应地有了新的发展要求。现代英语教学不应该再局限于死记硬背,而是注重应用能力的培养。本节紧扣英语实际教学,探讨了教育者如何凸显英语的实用性,目标明确地培养学生对英语的应用能力。

在大学公共英语教学中,学习能力与综合应用能力有紧密联系性,综合应用能力的有效培养,需要完成自主学习能力的有效培养,进而完成大学公共英语教学中英语应用能力的培养,争取促进学生综合应用能力的有效培养。并且,英语学科的实用性一直被忽视,尤其是在大学教育阶段更应该注重英语教育。英语教学贯彻创新素质教育的不断发展,教育者更加关注英语教育的实用性,在教学中,应着重培养学生理解表达能力和阅读写作能力。

一、综合应用能力概述

在高校英语教学中,培养学生英语的应用能力非常重要,英语应用能力在综合应用能力的范畴内,在对学生英语应用能力进行培养的过程中,又能够促进学生综合应用能力的有效培养。近年来,高校英语教学改革越来越深入,不断对学生英语应用能力的培养进行强调,本节基于学生英语应用能力培养的重要性与现状,提出了相应的教学建议,以期使高校英语教学有效性得以提升。

对大学生公共英语综合应用的能力进行培养时，大多数教师会从英语应用能力的培养入手，在学生有效完成学习活动的过程中培养其综合应用能力。一般情况下，大多数大学生完成学校中的学习后，都会以独立而自由的个体进入社会中，因此，对于大学生的培养，除了必要的知识外，需注重自主性、独立性、创新性等方面的培养，使学生进入社会后具备终身学习的意识与能力，具备对英语应用能力进行提升的能力。在高校英语专业的教学中，英语应用能力指的是学生获取英语知识、将英语知识迁移到实际生活中、应用英语灵活进行交际等方面的能力。对大学生公共英语应用能力进行培养时，要求教师将学生当作教学活动开展的中心，为学生组织一系列需要学生针对探究、合作完成的学习活动，使学生可以参与习得知识的整个过程，在此过程中对学生综合应用能力进行有效培养，使学生可以将英语知识灵活应用到各种场合中，并不断对自身的英语水平进行提升。实际上，对英语应用能力进行培养蕴含着终身教育思想，在培养学生英语综合应用能力方面有着重要意义。

二、分析大学生公共英语综合应用能力培养的现状

学生在教学过程中的主体地位不够突出。现阶段，高校英语专业英语课程改革日渐深入，在改革过程中，不断对学生主体性进行强调，但受班级设置、教学任务、教学模式等多个因素的影响，英语教师对教学活动进行开展时，教师仍然是课堂的主角。另外，部分英语教师所用教学方法还比较传统，照本宣科地将英语相关理论知识灌输给学生，学生难以有效地参与学习过程，这严重影响着学生英语应用能力的有效培养。

所用教学模式较为传统。对英语专业的学生来说，英语四、六级考试必须通过，而相关调查结果显示，80%以上的大学生对英语进行学习的主要目的是通过英语四、六级考试，这些学生一般不会主动参与教师组织的教学活动，而是大量对词汇进行背诵，并做大量的练习题。这虽然在一定意义上也属于一种综合学习的表现，但难以实现英语知识综合应用能力的有效培养。另外，尽管

现阶段相关教育部门对大学英语四、六级考试进行改革，四、六级考试越来越倾向于对学生英语综合应用能力进行考查，但从就业市场方面看来，很多用人单位仍然将四、六级成绩当作对英语专业学生的主要评价指标。受此影响，高校英语教学仍然或多或少残留着应试教育的影子，教师过度注重学生英语理论知识的提升，在一定程度上忽视了综合应用能力的培养。

"学以致用"难以实现。目前，部分高校对英语教学的教材进行选择时，教材中的内容与学生实际生活还有一定距离，英语专业的英语教学内容大多注重对学生听、说、读、写等方面的能力进行培养。在这样的英语教学中，所涉及的英语大多为书面英语，与实际生活的联系性不强，应用性英语知识不多，即使不断对英语针对口语学习活动进行组织，使学生对英语知识进行学习，也难以实现学生综合性英语应用能力的有效培养。此外，在班级容量、教学时间等限制下，现阶段高校英语教学仍以课文的精读为主，在其中穿插少量的口语与听力练习，难以实现学生英语交际能力的有效培养。

三、大学生公共英语综合应用能力培养的教学建议

更新教育理念，创新教学模式。在教学实践中，教育理念直接关系到教学活动的组织是否可行、有效，目前，建构主义、交际理论、人本主义理论等教育理念都已经逐渐被融入英语教学中，这些理论的融入，在很大程度上促进了英语教学质量的有效提升。因此，在对英语专业学生进行英语教学时，教师应该注重教育理论的更新及教学模式的创新，将以人为本的理念融入教学活动的组织过程中，以"学习论"来替代传统教学中的"教学论"，使学生可以积极地参与学习的整个过程，从而实现"以学生为中心"的教学。此外，教师还应该注重学生语言应用能力的培养，逐渐将"知识与技能传授"的英语教学模式转换为"学习能力培养"的教学模式，使学生成为知识的建构者，主动对自己的英语知识结构进行建构。在具体的教学中，教师需注重教学模式的创新，为学生创建更多可以积极参与学习过程的机会，并对一些探究任务进行设置，布

置给学生，要求学生以正确探究的形式完成，这样才能够实现学生英语语言应用能力的有效培养。

发挥学生主体性，实现学习能力及综合能力的有效培养。要想使学生在教学过程中的主体性得到有效发挥，需从教师角色的转变入手，在传统的高校英语教学中，课堂教学最主要的内容是教师的讲授，学生对英语的学习由教师主导。而对学生英语综合应用能力进行培养的高校英语教学需将学生作为中心，需要在交互式、启发式的教学模式下进行，只有在这样的教学模式下，学生才不再是知识的被动接收者，而成了信息的有效加工者、知识的主动建构者。在具体的教学中，教师需将小组合作、任务教学法、情景教学法等具有实践性的教学法积极引入，为学生组建一系列可以亲自参与其中的教学活动。例如，教师可积极引入小组合作的教学方法，在关于阅读与写作的教学中，教师可依据实情将学生分成不同的小组，为学生提供一些名著书目（全英文），指导学生以小组合作的形式完成阅读，共同用英语写出一篇读书报告，并推选出一名小组成员上台进行报告。在这个过程中，为了能够写出更为精彩的读书报告，学生势必会积极展开小组讨论，共同对书本中的句子、观点进行总结，相互进行讨论，这样，可对学生学习英语的能力进行培养。与此同时，在上台报告的过程中，学生可倾听其他小组的观点，并将自己不同的看法提出，还可对上台报告学生的英语口语、表达能力进行提升。这样，不但可对学生学习英语的能力进行有效培养，而且能够促进学生英语综合英语能力、综合素质的培养。

引入分层异步教学，实现"因材施教"。在对大学生实施英语教学时，教师需注重学生个体化差异的尊重，依据学生具体情况，对教学方法进行灵活转变，以实现学生的全面发展。因此，在对学生英语综合应用能力进行培养的过程中，教师需注重个性化教学的实施，对于不同的学生，设置不同的学习任务、提出不同的要求，以帮助学生找到适合自己的英语学习方法，进而让学生进行有效的学习，在学习的过程中不断提升英语应用能力。对此，高校可对英语课程进行分级设置，一般为一至四级，依据学生英语水平，将学生分成不同的班级，在各个层级的班级设置不同的学习起点。同时，高校还可对语言技能、语言文化、综合英语等课程进行开设，以选修课的形式供不同的学生选择，使学生选择自己感兴趣的英语课程进行学习，以对学生英语学习的兴趣进行激发。此外，高校还应该注重网络教学的实施，设置"助学课件"供学生在网络上有效的下载并学习，让学生能够依据自己的英语水平对学习进度与重点进行把握。比如，英语基础较差的学生可以侧重于词汇、语法的学习，听力较差的学生可以反复对听力材料进行聆听，口语较差的学生可以通过影片等进行模仿练习，英语水平较高的学生对其他感兴趣的英语材料进行选择与学习，进一步对自身英语水平进行提升。在学生活动中，学生可对学生英语语法、英语口语、语言应用等多方面的水平与能力进行提升。

拓展第二课堂，实现英语应用能力的有效培养。大学生公共英语综合应用能力的培养不能局限于第一课堂，还需注重第二课堂的拓展。对此，英语教师可积极与学校团委、社团等合作，共同组织英语演讲比赛、英语交流茶话会等活动，为学生提供更多用英语交流的机会，使学生英语应用能力得到有效提升。与此同时，如果对与英语相关的活动进行了组织与举行，教师与学校都应该对参赛学生做出相应评价，教师的评价需以鼓励性语言、语气为主，使学生学习英语的信心增强，学校的评价可进行全校表彰、颁予荣誉证书、给予学分奖励等。这样，可在全校范围内形成浓厚的英语学习氛围，使学生受到感染，对英语进行学习，参与教师组织的教学活动，以及学校组织的英语竞赛、英语交流等活动，使学生英语综合能力在参与活动的过程中得到有效培养，让学生可以灵活地将英语知识应用到实际生活中，灵活应用英语与他人进行交流。

总之，在高校英语专业学生进行英语教学时，学生英语知识综合应用能力的培养极为重要，直接关系到英语专业对人才进行培养的质量。因此，相关英语教师应该不断对教育理论与教学模式进行更新，将学生英语水平的提升与可雇佣能力的培养有机融合起来，在培养学生良好英语学习习惯、英语学习能力的同时，对学生英语知识应用能力、综合素质等进行提升，使学生能够全面发展，成长为更为优秀的英语专业人才。

第五节　英语新闻输入在高校英语教学中的应用

教育部高等教育司发布的《大学英语课程教学要求》将大学阶段的英语教学要求划分为三个层次：一般要求、较高要求、更高要求，并分别就听、说、读、写、译从三方面做了要求：能借助词典阅读本专业的英语教材和题材熟悉的英文报刊，掌握中心大意，理解主要事实和有关细节；能基本读懂英语国家大众性报刊上一般题材的文章；能阅读国外英语报刊上的文章。2016年，大学英语四级考试听力部分进行了局部调整，取消了短对话和短文听写，新增了短篇新闻听力。那么在大学英语学习过程中学生的英语新闻输入情况到底怎样？教师如何在高校英语教学中引导学生进行英语新闻的输入呢？

一、英语新闻输入问卷调查数据分析

此次问卷调查主要包括英语新闻阅读习惯、英语新闻阅读目的和效果、英语新闻阅读兴趣、英语新闻阅读途径和来源、英语新闻输入的必要性、英语新闻阅读障碍和需要的帮助等方面。调查对象为西北大学现代学院2016级财务管理专业两个班的学生。此次调查共收回问卷110份，有效问卷为110份，有效率为100%。问卷共设计了12道题目，其中包括11道选择题和1道问答题。

英语新闻阅读习惯。"你有阅读英语新闻的习惯吗？"调查结果显示有阅读英语新闻习惯的有26人，没有阅读英语新闻习惯的有84人，分别占被调查者的24%和76%。由此可见，学生的英语新闻阅读习惯还需要加强。

英语新闻阅读目的和效果。"你阅读英语新闻的目的是什么？"调查数据表明学生阅读英语新闻的目的具有多样性，选择了解时事新闻、扩大词汇量、了解不同文化提高跨文化交际能力、完成课堂活动、为四级英语听力考试做准备的分别有49人、58人、52人、54人和60人。有55%的学生阅读英语新闻是为四级英语听力考试做准备。"阅读英语新闻对你有哪方面的帮助？"认为只有助于了解时事新闻、扩大词汇量、了解不同文化提高跨文化交际能力、提高四级英语听力水平的分别有4人、6人、2人和2人,其他学生认为通过阅读英语新闻得到的帮助是多方面的。如认为扩大词汇量的有86人,认为提高四级英语听力水平的有63人。

英语新闻阅读兴趣。"你对哪方面的英语新闻感兴趣?"其中对政治、体育、娱乐新闻感兴趣的分别有1人、1人和6人,其他学生对政治、经济、军事、科技、体育、娱乐新闻等方面的兴趣也是不同的,如对政治科技娱乐、经济科技娱乐感兴趣的分别有10人和8人。"在本学期的英语新闻输入活动中,你选择了哪方面的新闻报道?"据了解,学生选择的话题涵盖了各个领域:政治、经济、文化、科技、体育、娱乐等。网络的普及和智能手机的应用使学生获取各个方面的新闻信息成为可能。

英语新闻阅读途径和来源。"你主要通过哪些途径阅读英语新闻?"问卷结果显示有107名学生选择网络这一方式阅读英语新闻,占被调查者的67%。"你经常阅读的有哪些英文报刊和网站?"有60名学生选择《中国日报》,占被调查者的55%,这与课堂活动中学生获取英语新闻的来源是一致的。

英语新闻输入的必要性。"你觉得高校英语教学中英语新闻输入有必要吗?"有106名学生认为有必要,占被调查者的96%。"你觉得英语新闻输入对你有哪方面的帮助?"认为只有助于了解时事新闻、扩大词汇量、了解不同文化提高跨文化交际能力、培养阅读习惯、为四级英语听力考试做准备的分别是1人、2人、1人、1人和2人,其他学生都认为英语新闻输入可以为他们提供多方面的帮助。如了解时事新闻的有66人,扩大词汇量的有77人,了解不同文化提高跨文化交际能力的有65人,培养阅读习惯的有56人,为四级英语听力考试做准备的有54人。

英语新闻阅读障碍和需要的帮助。"在阅读英语新闻时,你遇到了哪些障碍?"调查数据表明学生在词汇、文化背景、新闻特点等方面都存在不同程度的问题,其中有103名学生认为在词汇方面有困难,有文化背景障碍的为57人,还有 27 人认为由于对新闻特点不太了解而造成阅读英语新闻时的障碍。"在提高英语新闻阅读能力方面,你还需要哪些方面的努力?"认为需要扩大词汇量的有 103 人,了解文化背景的有 64 人,了解英语新闻特点的有 60 人。

"在提高英语新闻阅读能力方面,你还需要什么样的帮助?"根据调查数据统计,65% 的学生认为需要多方面的帮助,如教师的辅导、资料的获取、阅读环境的创设等,其中有 78 人认为需要创设阅读环境,74 人认为需提供资料的获取途径,47 人认为教师的辅导很重要。

二、英语新闻输入在高校英语教学中的应用

根据调查结果分析及《大学英语课程教学要求》,在高校英语教学中进行英语新闻输入是十分有必要的。首先,96% 的学生认为高校英语教学中十分有必要进行英语新闻输入;阅读英语新闻有助于学生了解时事新闻、扩大词汇量、了解不同文化提高跨文化交际能力、提高四级英语听力水平等。其次,学生在阅读英语新闻时会遇到不同的障碍并需要相应的帮助,教师在高校英语教学中对英语新闻特点等进行相应的讲解有助于学生更好地理解新闻内容,进而培养学生阅读英语新闻的习惯。最后,新闻涵盖各个方面,如政治、经济、军事、科技、体育、娱乐等,阅读英语新闻既能满足学生的不同需求和兴趣,又能拓宽学生的视野,提高学生的跨文化交际能力。

课堂活动设计。由调查数据可知,76% 的学生没有阅读英语新闻的习惯,所以在大学英语课堂教学中增加英语新闻输入可使学生由最初的"被动"阅读转变为"主动"阅读,进而营造班级良好的英语新闻阅读氛围。在高校英语教学中,教师和学生可将自己感兴趣或热议的新闻话题分享给班级同学进行讨论,教师应根据课程内容安排学生阅读相关英语新闻并进行总结和阐述。这一活动不仅能够活跃课堂气氛,还能够增强学生阅读英语新闻的意识,并加强英语新闻的输入。

教师的指导。在进行英语新闻阅读时,学生会遇到不同的障碍,尤其是英

语新闻词汇的特点给学生造成了很大的困扰，这就需要教师及时给予指导和帮助。

以《英语报刊阅读》中的一篇新闻报道部分句子为例，其中，使用借喻修辞手法的有"White House officials dismissed the notion of any campaign to discredit Greenspan""White House"指代的是布什政府；使用首字母缩略词的有"But another GOP panelmember, Jim gunning of Kentucky, has been sharply critical of Greenspan for some time and recently complained to him..." "GOP(Grand Old Party)"指大老党，美国共和党的别称。使用简缩词的有"The Fed chairman said future tax cuts should be paid for, either by spending cuts or tax increases""Fed（Federal Reserve）"指美联储；"The committee's Republican chairman, Sen.Richard Shel by of Alabama, told Greenspan...""Sen.（senator）"指参议员。

为了提高学生阅读英语新闻的能力，使其更好地理解报道内容，教师对英语新闻标题的语法特征做讲解也有一定的必要性。以《中国日报》中某些新闻标题为例，时态的使用：英语新闻标题中一般现在时的使用给读者一种"及时性"的感觉，如 Shenzhou XI return capsule touches down。分词的使用：动词现在分词的使用表示正在进行的动作，如 BYD buses making Liverpool greener. Returned a panda to new Sichuan home. 动词过去分词的使用表示被动语态，如 Long March anniversary marked with album of generals' portraits. Trapped Chinese tourists safely evacuated from quake-hit area in New Zealand. 动词不定式的使用表示将来，如 Chang'e-5 lunar probe to land on moon and return in 2017. Thailand to cut visa fee for tourists from 18 countries.

对英语新闻结构的了解有助于学生在阅读时把握重点，分清主次。倒金字塔结构是英语新闻写作中常用的一种结构，即按照重要性递减的顺序组织新闻内容。了解新闻结构的特点有助于学生理解整篇报道的内容，能够提高学生阅读英语新闻的自信心和效率。

《大学英语课程教学要求》对学生阅读英语新闻能力做了相关的规定，而问卷调查却发现大部分同学没有阅读英语新闻的习惯。那么在高校英语教学中进行英语新闻输入就成为培养学生阅读习惯的关键组成部分。网络及智能手机的广泛应用使学生能够更方便地获取英语新闻材料，如人民网、新华网、国际在线、美国有线电视新闻网络、《中国日报》、VOA英语听力、流利阅读等；学校也可在图书馆报刊阅览室提供纸质的英语新闻资料供学生阅读。通过课堂活动及教师的指导，相信学生能够克服障碍进行英语新闻阅读，并形成良好的阅读习惯。虽然问卷调查在广度和深度上仍有待提升，但却在一定程度上反映了独立学院非英语专业学生阅读英语新闻的情况，并对高校英语教学有一定的启示。

第六节　启发式教学在高校英语教学中的应用

当今社会对于大学生外语水平的要求越来越高，因此教师应该采用启发式教学法，让学生重拾英语学习的热情，提高学生的综合能力。本节列举了一些启发式教学法在高校英语教学中的应用，阐述了启发式教学法在高校英语教学中的意义。

当今社会对大学生英语水平的要求越来越高，大学英语应该注重全面提升大学生的英语综合运用能力，增强学生的人文素养，培养具有国际视野的人才，能够适应时代的发展，从而实现工具性和人文性的统一。然而当今很多大学生都将大学英语"边缘化"，依旧认为只有学好那些理工科的课程才是硬道理，他们往往不会花时间去学习英语，所以他们的英语语言使用能力较弱，流利性不够，思维缺乏深度，因此，大学英语教师应该有针对性地提高学生的综合能力，培养他们的学习兴趣。

一、启发式教学法的内涵

启发式教学法指的并不是一种单纯的教学方法,而是一种教学理念和思想。教育部对于启发式教学的定义为:启发式教学发挥作用的手段是任课教师根据教学基本的内在规律在教学过程中持续有效地激发学生学习新知识的欲望,目的是引导协助学生的思维活动一直处于主动的状态之中,进而有效保持受教育者学习新知识的主动性和参与课堂的积极性。布鲁纳认为,学习者不是被动地去接受知识,而应该主动地获取知识。因此,大学英语教师应该充分认识到每个学生的重要性,尊重学生,了解学生的心理,努力去营造一个轻松和谐的学习氛围。

二、启发式教学法的应用

(一)创设情境

教师在导入课文的时候,可通过把学生带入课文中的情境中去,也可以在讲授的过程之中,根据文章创设情境,使得学生能够更好地理解作者的意图。

例如,在讲授《新视野大学英语》第三版第二册,第七单元的 Text A,*When honesty disappears* 中,笔者就运用了这种方法启发学生思考。在导入过程中,笔者给学生展示了几张情境图片,第一张是两件夹克衫,并向学生提问,"If your friend has bought a jacket which you think is very ugly, and he asks you about your opinion, what will you say?Will you say directly that it is ugly?Or will you say that is looks just so-so?Or..."第二张图片的情境是如果学生没有按时完成作业,他们会怎么做?通过创设与学生生活息息相关的情境,启发学生思考自己身边的诚信现象,反思当今社会的诚信问题,从而能够对本节的内容产生更大的共鸣,不仅提高学生学习本节的兴趣,还能够让他们对文章有更深刻的理解。

再如,在讲授《新视野大学英语》第三版第四册第一课的 *Love and logic* 中,当讲到两个人第一次约会的情形的时候,暂时先放下课文的内容,向学生提问,

"If you date a girl for the first time, what will you do and what will you say?" 启发学生带入情景，想象如果自己是叙述者，会怎样做，然后再与作者的行为做对比，从而启发学生分析出作者的内心状态。

英语教师在使用启发式教学法给学生创设情境的时候，教师需要充分了解学生，了解他们的心理和生活状态，然后创造合适的情境，使他们能够真切地带入情境中，从而启发他们认真深入地思考问题，对所学的内容有更深刻的理解，跳出课本的定式，有自己的批判性思维。

（二）激发兴趣

平庸的老师讲授知识，一般的老师会给学生解释知识，优秀的老师会给学生演示知识，而真正伟大的老师则会激发学生的学习兴趣，启迪学生自主学习。兴趣永远是学生最好的老师。没有兴趣的学习，只能是机械的考试工具，而且很容易学过就忘记了，难以产生长期的效果，因此教师需要帮助学生激发他们的学习兴趣，使他们从被动地接受知识变成真正地想要去学习，提高他们探索未知的能力。在教学过程中，教师可以利用学生的求知欲，在讲课过程中设置难度适当的悬念，启发学生主动去探索知识，可以利用学生对新鲜事物的好奇，设置趣味性问题，启发学生主动去获取知识。

比如，在讲授《新视野大学英语》第二册第三单元，*The Odyssey Years*（奥德赛岁月）中，先给学生播放奥德赛的视频，让学生了解奥德赛的内容，启发学生根据奥德赛的内容来思考，奥德赛岁月指的应该是一段什么样的岁月，从而引导学生自己探索文章，理解奥德赛岁月的内涵。

这样不仅能使学生自发地去学习文章出现的生词和短语，从而提高自己的词汇量，更重要的是能使学生对奥德赛岁月有更深刻的理解，这样在他们今后遭遇到"奥德赛岁月"的时候，能够认清现实，更好地看出事情的本质，找到自己应该做的事情，不至于迷失自我。

教师通过刺激学生的学习兴趣，调动学生主动学习的内在动力，提高学生的学习能力，同时也能够启发学生的思维，加深学生的印象，让学生能够对所学的知识受益终身。

（三）讨论启发

所谓的讨论启发，就是在教学过程中，将学生分组，设置一定的开放性问题，引导学生在组内大胆表达自己的想法，碰撞彼此的思想，分享经验，相互交流，积极地参与到课堂中。

例如，在《新视野大学英语》第四册第一单元的课文 Love and logic：the story of a fallacy 中，对于 fallacy（谬论）的探讨，笔者首先根据 fallacy 的定义，给学生解释什么是谬误，然后举出两个生活中常见的谬误例子，之后将学生分组，每组四五个人，让学生在组内讨论，举出更多的生活中出现的谬论，最后每组派出一个代表给大家做汇报，全程用英文进行。在学生进行讨论的时候，笔者会在学生中间走动，适时提供一些帮助。最后在讨论法的启发下，学生之间彼此交流，思想相互碰撞，研讨出很多很棒的例子。比如，有的组举出"Regional discrimination, for example, people tend to think Sichuan and Chongqing people always eat spicy food ." "The textbooks appropriate for Tsinghua students may not be suitable for us to study ."对于学生出现的一些语法错误以及生词，笔者也提供了改正和帮助，由此，学生不仅提高了自己的英语表达能力，更重要的是更加清楚了 fallacy 的含义，并且能够在今后的生活中有一双慧眼，能够去发现通常被人们所忽视的谬论，更加理性地去看待事物。

通过讨论法启发学生学习，教师需要将学生要讨论的内容说清楚，讲明白，使学生带着明确的目的相互讨论。在讨论过程中，教师不仅要监督学生确保他们是在用英文讨论，还要给予相应的启发和帮助，扫清他们的基本障碍。讨论法的使用充分发挥了学生的主体作用，弱化了"教与学"的上下级关系，通过学生之间的交流，互相促进，不仅有助于构建一个活泼和谐的课堂气氛，还能够提高学生学习的动力，使他们能够自然地掌握知识和能力，将所学到的东西内化于心。

（四）开放式作业

课后练习是教学过程中一个重要环节，学生需要在课后花费一定的时间和精力去巩固知识，去拓展知识面。启发式教学要求教师不应拘泥于传统的教学思想，课后让学生背单词、做题，而是应该采取更多样性的活动，让学生对课后作业不那么反感。教师可采用一些合作式作业、实践性较强的作业等让学生去完成，避免学生认为学英语知识机械化的记忆。

例如，《新视野大学英语》第二册第一单元"难忘的一课"一文主要表达的是学生学不好英语的原因不仅仅在于学生自身，更在于他所处的环境以及老师的教学问题等，文中举出了一些日常生活中所出现的简单低级的单词错误、语法错误等。针对这一点，教师可让学生在课后自己搜集生活中常见的一些翻译错误，这样不仅能提高学生的英语水平，还能够培养学生平时注意观察生活的习惯，成为一个细心的人。或者，在大学英语第二册第四单元 College sweetheart 一课中主要讲述的是作者在大学时期甜蜜的爱情故事，笔者在布置课后作业的时候就让学生以小组为单位，每组自编自演一个 10 分钟左右的英文爱情短剧，让每个学生都参与到创作过程中去，收到了很好的教学反响。

又如，在《新视野大学英语》第一册第六单元 To work or not to work 一课中，作者列举了当今美国大学生关于是否在读书期间选择兼职工作这一问题上的选择及其原因，简单分析了美国大学生的生活现状。根据这一内容，笔者启发自己的学生分组在课下采用问卷等方式对自己身边的中国大学生关于是否兼职这一问题做出调查，并形成一个系统的调查报告。虽然最后学生做出来的报告相对粗糙，但这也在一定程度上提高了他们的学术思维能力。

三、启发式教学的意义

启发式教学打破了传统教学中单纯的"教与学"的模式，教师不再是课堂上的"独唱者"，而是形成了以学生为主体的教学模式。启发式教学法能够让学生产生对英语学习的兴趣，从而促进学生主动获取知识的欲望。此外，通过启发式教学法，还能够提高学生自主学习的能力、创新能力以及科研学术能力，培养学生的批判性思维。

参考文献

[1] 孙钰. 建构主义理论视角下对我国高校旅游专业英语课程教学的研究与思考 [D]. 辽宁师范大学, 2008.

[2] 孙丽娟. 高中英语分层次教学理论与实验研究 [D]. 东北师范大学, 2023.

[3] 刘文英. 大学英语教学理论与教学方法的研究 [J]. 陕西师范大学学报（哲学社会科学版）, 2003(S2):4.

[4] 蔡基刚. 一个具有颠覆性的外语教学理念和方法：学术英语与大学英语差异研究 [J]. 外语教学理论与实践, 2014(2):8.

[5] 陈思孜. 多元文化视域下高校英语教学理论与有效方法研究 [J]. 科教导刊（电子版）, 2021.

[6] 项茂英. 情感因素对大学英语教学的影响：理论与实证研究 [J]. 外语与外语教学, 2003(3):4.

[7] 项茂英. 情感与大学英语教学理论与实证研究 [M]. 天津：天津教育出版社, 2007.

[8] 胡小花. 英语教学研究：理论与实践 [M]. 西安：西北工业大学出版社, 2007.

[9] 张艺宁. 大学英语课堂教学理论与个案研究 [M]. 北京：国防工业出版社, 2010.

[10] 唐祥金. 现代英语教学论：理论与实践研究 [M]. 北京：学苑出版社, 2001.

[11] 文秋芳, 韩少杰. 英语教学研究方法与案例分析 [M]. 上海：上海外语

教育出版社 ,2011.

[12] 谢丽 . 大学英语阅读教学理论与实践研究 [M]. 北京：北京理工大学出版社 ,2015.

[13] 龚琼兰 . 英语视听说教学模式与教学方法研究 [J]. 第二届中国外语教学法国际研讨会 , 2008.

[14] 胡老七 . 关于分层教学理论在农村初中英语教学中的实践应用与研究 [J]. 2019（12）: 1056.

[15] 李艳 , 张萍 , 林勤 . 现代英语课堂教学理论研究与方法探索 [M]. 北京：中国商务出版社 ,2012.

[16] 刘奉君 , 马丽莉 . 基于核心素养下英语翻译教学方式的创新研究: 评《核心素养下的英语教学理论与实践》[J]. 应用化工 , 2023, 52(4):8.

[17] 任丽丽 . 高级英语课程的教学理论与方法：个案研究 [J]. 语言与文化研究 , 2010, (3):101-103.

[18] 徐军辉 . 民办高校英语教师研究英语教学理论和教学方法的必要性和可行性 [J]. 北方文学 (下), 2011(3):2.

[19] 宋敏 . 新时期大学英语教学方法与策略的选择与整合：评《当代大学英语教学理论与研究》[J]. 外语电化教学 , 2020(2):1.

[20] 蔡基刚 . "学术英语"课程需求分析和教学方法研究 [J]. 外语教学理论与实践 , 2012(2):7.

[21] 谢贤春 . 后方法理论背景下的交际法反思与大学英语教学原则探讨 [J]. 教学研究 , 2009.

[22] 王燕 . 高职英语分级教学的理论与实践研究 [D]. 中南大学 ,2006.

[23] 谢雪梅 . 深化英语教学改革路径与方法探讨：评《当代大学英语教学理论与研究》[J]. 中国教育学刊 , 2020(5):1.

[24] 李晓璇 . 高校英语教育教学理论与方法的研究：评《英语教学方法论》

[J].高教探索,2016(10):1.

[25] 李妍,王雪玲,江凤霞,等.英语电子书应用与现代英语教学理论与方法革新研究[J].经济师,2011(8):2.